ポン・ジュノ

韓国映画の怪物《グエムル》

下川正晴

毎日新聞出版

ポン・ジュノ

韓国映画の怪物《グエムル》

はじめに

ポン・ジュノ監督『パラサイト　半地下の家族』（２０１９）は、映画史上の「事件」であったに違いない。

仏カンヌ国際映画祭パルムドールに続いて、米アカデミー賞では作品賞など4冠を獲得した。この２大映画イベントを制したのは、64年ぶりである。非英語圏の映画としては、初の快挙だ。

２０１９年は、朝鮮人製作の映画が上映されて１００年の記念すべき年であり、韓国では民族主義的な文脈で語られた。本書は、韓国映画１００年史の中にポン・ジュノの作品を位置づけ、評価するための著作である。

『パラサイト』は、創造力のある映画監督として成長してきたポン・ジュノが、世界化《グローバリゼーション》志向の中で「変態《メタモルフォーゼ》」する過程を見せた映画である。

『パラサイト』は、少なからぬトリック（操作）の上に成立した映画だ。巷《ちまた》で言われているような「韓国の格差社会」を正確に描写した映画ではない。戯画化したブラックコメディーだ。多くの暗喩的表現は、世界の観客に「自由な解釈」を与え興行的な成功に結びついた。

本書はその実像を、ポン・ジュノの成長史と韓国現代史の展開という両側面から複眼的に捉えながら、再構成することを目指した。ポン・ジュノ研究の単行本は日本で初めてである。

第1章では、映画『パラサイト』における「半地下部屋の真相」を探り、リアルな「格差社会映画」との見方はピンぼけであると指摘した。また、『グエムル 漢江《ハンガン》の怪物』（2006）など、ポン・ジュノの過去の作品と最新作『パラサイト』を対比する。

第2章では、ポン・ジュノの生育・発展過程をレビューした。彼は「金のスプーン」をくわえて生まれた異能の監督である。民主化を主導した「86世代」の最終走者であり、マンガと映画で育った、韓国の「第一次オタク世代」である。彼の最高傑作は『殺人の追憶』（2003）である。海外資本とも手を組んだ『スノーピアサー』（2013）以降の作品は、現実と遊離した「変態《メタモルフォーゼ》」が見られる。

第3章では、祖父のモダニズム小説家・朴泰遠《パクテウォン》の生涯を研究し、ポン・ジュノに引き継がれた隔世遺伝のDNAを考察した。さらにポン・ジュノが「南北離散」の自己家族史に言及していない点を指摘した。

第4章では、『パラサイト』の世界制覇を実現した韓国企業「CJ」のイ・ミギョン副会長を中心に研究した。彼女は「アジアの文化植民地化」を広言しており、CJに文化帝国志向があることを指摘した。

特に第3章、第4章については、類書の韓国映画本にはない新たな分析である。

かつて私は、李長鎬《イジャンホ》監督『風吹く良き日』（１９８０）などの秀作を見て、韓国特派員を志願した。ソウルでは暇を見つけて映画館に駆け込み、大分県立芸術文化短期大学で教鞭《きょうべん》を執《と》っていた時代には「日韓次世代映画祭」（別府市）のディレクターとして、林權澤《イムグォンテク》監督や国民的俳優安聖基《アンソンギ》氏らを招いて映画交流に努めてきた。

本書は拙著『日本統治下の朝鮮シネマ群像』（弦書房、２０１９）に続く韓国映画研究書である。元新聞記者の経験と取材手法が、映像を通した韓国観察とうまく合体していれば幸いだ。

文中に登場する映画の題名は、日本公開時のタイトルを使用したが、未公開作を含め例外も少なくない。人名表記は、１９８０年代頃までに活躍した人物や在日韓国人、政治家などについては主に漢字表記を採用した。本書に関するお問い合わせは、下川（sentense502@yahoo.co.jp）にいただければ幸いである。

ポン・ジュノ 韓国映画の怪物《グエムル》 目次

第2章 ポン・ジュノの正体――世界化への「変態」

第3章 ポン・ジュノのDNA――隔世遺伝と離散家族

第4章 韓国映画産業の現在——新興の文化帝国「CJエンタメ」

補章 『パラサイト』備忘録

第1章

『パラサイト』の真実

――格差のエンタメ映画

ポン・ジュノ監督の映画『パラサイト　半地下の家族』（2019、以下『パラサイト』）は、大都市ソウルを舞台に描いた「格差社会のエンタメ映画」である。半地下生活を送る家族が上流社会の家庭に入り込み、その家の地下室にいた夫婦と抗争し、ついには3家族が入り乱れた殺人事件に発展するという筋書きである。仏カンヌ国際映画祭パルムドール、米アカデミー賞作品賞をダブル受賞し、ポン・ジュノは名実ともに世界的な映画監督になった。

映画『パラサイト』は、三層構造の韓国社会の階段を上昇し、下降し、他者と激突し破局に至る。日本語タイトルに「半地下の家族」との副題が付けられたため、日本では半地下住居にメディアの目が集中したが、それが映画の本筋ではない。

この映画の本筋は、二つの軸に集約できる。「格差社会映画」と「家族映画」である。本章ではその両軸から読み解いていきたい。

「階段」とは何か

格差社会を読み解くヒントは、映画の随所に登場する「階段」である。

ソン・ガンホが父親を演じたキム一家が住む半地下部屋は、道路から階段を下りた先にある。金持ち一家パク家の邸宅入り口には階段があり、三層造りの邸宅は、2階や地下室に続く階段がある。さらに、大雨の夜、パク家から逃げ出したキム一家は、町中の長い階段を下りた末に水没した我が家に帰り着く。映画の終盤ではパク氏を殺害したキム家の父親が階段を駆け下りて地下室に潜む。

主人公のキム一家は、多くの階段を上り、下降し、悲劇的な終局を迎えるのである。

ポン・ジュノやスタッフは、口をそろえて「階段映画」とか「階段シネマ」と言ってきた。彼は日本の雑誌『Ｐｅｎ』のインタビューに答えて、以下のように述べた（文・佐藤結、オンライン掲載２０２０年2月23日）。

> 「経済的に恵まれている人と、そうでない人たちの対比を見せたいと思いました。最初はふたつの家族の話を行ったり来たりするような内容を考えていたのですが、いつの間にかキム・ギテク（下川注：ソン・ガンホ）一家と一緒に観客とカメラが

キム一家が暮らす半地下の家のトイレ。水圧が弱いため、家の一番高い位置に造られている。『パラサイト 半地下の家族』より（© 2019 CJ ENM CORPORATION, BARUNSON E&A ALL RIGHTS RESERVED）

映画に登場する長い階段。ソウル市内の付岩洞。左手に紫霞門トンネルの入口が見える（UPI／ニューズコム／共同イメージズ）

パク社長の家に侵入する話にしなければいけないと思うようになりました。だから、貧しい半地下の家から映画が始まるのです。半地下からパク社長の豪邸まではただただ遠い。見ている人も、半分地下に埋もれたところから始まるように感じるんです」

彼はここで「貧富」「家族」「侵入」という映画のキーワードを語っている。「階段の映画」という言葉が出てくるのは、次の文脈だ。階段とは「階級」の別名である。

「ソン・ガンホさんに、この映画はどんな映画だ?と尋ねられた時に『(中略)階段を上ろうとした男が、結局、階段を下りて終わる物語だ』と話したことがあります」(中略)

「階段は、階級のスペクトルが展開される場所です。家の内部と外部の境界をなくす。家の中にも階段があり、家の外にも階段があって、パク社長の豪邸から半地下の家までをつなげていくような、連結部が階段なのです」

『パラサイト』は、階級間の相克と破局を描いた「格差社会映画」であり、異なる3家族の生活と闘争を描いた「家族映画」でもある。韓国映画界の怪物監督ポン・ジュノは、この映画で世界の映画祭の階段を上り詰めたのだ。

階段映画『下女』へのオマージュ

かつて韓国に「階段」が登場するエロティックな中産階級没落映画があった。金綺泳《キムギヨン》監督『下女《ハニョ》』（1960）である。

ポン・ジュノは米アカデミー賞授賞式で、マーティン・スコセッシ監督に感謝と賛辞を捧げた。スコセッシは『下女』にいち早く注目した米国人監督である。彼は世界映画基金（WCF）による復元作業を推進して、2008年の仏カンヌ国際映画祭で『下女』を上映した功労者である。スコセッシはポン・ジュノの新作『パラサイト』を見ながら、韓国映画の古典『下女』を想起していたに違いない。

その復元映像のDVDが私の手元にある。10年ほど前、韓国映像資料院からリリースされた。修復された白黒画面はまことに鮮明だ。雨のシーンがとても迫力がある。驚くことに、DVDの付録映像で解説しているのがポン・ジュノである。

映画開始から約30分後、下女がピアノ教師を誘惑する。

「いよいよ映画が始まります」と解説音声でポン・ジュノがうれしそうに言う。それは『パラサイト』で雨の夜、突然やって来た家政婦がインターフォンを押す場面を容易に連想させる。映画のお楽しみ（予想外の展開）はこれからだ。

ポン・ジュノの『パラサイト』は、この『下女』に対するオマージュ（敬意）に満ちている。

『下女』は朝鮮戦争（1950～1953）の終結後、1950年代後半のソウルが舞台だ。工場の音楽サークルで教えるピアノ教師の4人家庭に、女子工員の紹介で性悪な家政婦（下女）が入り込む。雨の降る夜、性的魅力でピアノ教師を籠絡《ろうらく》して一家の支配者に成り上がる。「ソウル」「家族」「浸透」「雨」「階段」。最後は凄惨な「殺害」である。ポン・ジュノ『パラサイト』の原型は、この映画にすべて登場する。『下女』は映画史的な意味で、元祖『パラサイト』と言える。

下女の誘惑場面などで激しく雨が降る。『パラサイト』でも雨の夜に事件が起きる。下女が階段を転げ落ちて、彼女の胎児が死ぬ。ピアノ教師の長男も転落死。結局、ピアノ教師も下女も死ぬ。『パラサイト』でも階段を上下しながら事件が起きる。いずれの映画も、主舞台は「階段」である。

『下女』のピアノ教師の一家は『パラサイト』のパク社長一家と同じ4人家族だが、この家庭に侵入する下女は単独である。彼女は妊娠して胎児を宿し、本格的な恐喝者（怪物！）に変貌する。『下女』のピアノ教師は中産階級だが、『パラサイト』のパク社長は豪邸に住む上流階級である。貧困家庭のキム一家は半地下部屋に住んでいた。『パラサイト』は2階へ上る階段のほかに、地下へ下りる階段があり、殺人劇は地下室と庭園で繰り広げられる。『下女』の二層構造と違い、『パラサイト』は地上―半地下―地下の三層構造であることに留意する必要がある。現代韓国の三層構造は、1960年代の二層構造の貧富格差とは異なる複雑さを映画にもたらした。優れた映画は現実社会を如実に反映するのだ。

『下女』は、慶尚北道《キョンサンプクト》・金泉市《キムチョン》で実際に起きた家政婦による幼児殺人事件（1959）をヒントに作られた。2019年製作の韓国映画『パラサイト』は、地下室がある豪邸を殺害劇の舞台に選んだ。こちらは何か具体的な事件のモデルはないとされるが、連想される事件はある。2017年に起きた朴槿恵《パククネ》大統領（当時）弾劾をめぐるデモ隊の衝突死亡事件だ。後述する。

そのグロテスクな作風から怪物《グエムル》監督と呼ばれた金綺泳は『下女』に飽き足らず、さらに『火女《ファニョ》』（1971）、『火女'82』（1982）と執拗にリメイクした。

「寄生虫」の侵入物語

改めて、『パラサイト』（原題・寄生虫）の物語をおさらいしておこう。

父（ギテク）、母（チュンスク）、息子（ギウ）、娘（ギジョン）のキム家4人は、薄汚れた半地下の部屋に住んでいる。ある日、ギウの友人で名門大生のミニョクが訪れ、海外留学する間、代役としてIT企業社長パク氏の長女で女子高生ダへの英語の家庭教師をやらないかと提案する。浪人中のギウは妹のギジョンに大学の在学証書を偽造してもらい、大学生のふりをして高級住宅街を訪れ、パク夫人の信頼を得た。

続けてギジョンがギウの大学の先輩のいとこを装ってパク家を訪れ、小学生の長男ダソンの絵画教師として雇われる。父ギテクもパク家に運転手として潜り込む。母チュンスクは、新しい家政婦として雇われた。このまま「寄生」計画はうまくいくかと思われたが、ダソンだけが使用人の4人が同じにおいをしていることに気づいていた。

ダソンの誕生日を迎え、パク一家はキャンプに出かけ豪邸を留守にする。そのすきにキム一家が入り込み、我が家のように好き勝手にふるまい始める。

夜になって4人がリビングで酒盛りをしていると、追い出された前の家政婦ムングァンが大雨の中、来訪する。地下室には彼女の夫のグンセが潜んでいたのだ。4人が家族だと知ったムングァンは、証拠に撮った写真を盾に、キム一家の所業をパク夫妻に知らせると脅す。

キム家がピンチに陥る中、パク夫人から電話がかかってくる。じきに帰宅するという。キム一家はムングァン夫婦を地下室に押し戻し体裁をつくろう。キム家の母以外の3人は、パク一家が寝落ちしたすきに、豪邸から逃げ出した。自宅に戻ると、半地下部屋は大雨で溢《あふ》れた下水で完全に浸水していた。

パク一家は翌日、雨で中止になったキャンプの代わりにダソンの誕生日パーティーを開催。これには、ギテクら3人も招待された。

華やかなガーデン・パーティーが開かれる中、ギウのミスで地下室を抜け出したグンセはパーティーに出現。誕生日ケーキを運んでいたキム家の娘ギジョンを刺し殺す。娘を殺されたチュンスクは肉串でグンセを刺し殺す。グンセの悪臭に思わず後ずさりしたパク社長を見たギテクは、衝動的にパク氏を刺し殺す……。

一対の映画『グエムル』

金綺泳監督『下女《ハニョ》』という「階段映画」の先行例に言及したので、ポン・ジュノ自身の過去作品にも触れたい。

『パラサイト』にもっとも近いのは、２００６年の作品『グエムル　漢江《ハンガン》の怪物』（以下、『グエムル』）である。『パラサイト』の13年前に作られたこの映画を見れば、最近のポン・ジュノの変容ぶりが理解できる。「寄生」と「家族」。この両軸でポン・ジュノの変貌ぶりが見られるのだ。

この映画の英語題は、驚くことに『ＴＨＥ ＨＯＳＴ』（宿主）だった。最新作の英語タイトル『ＰＡＲＡＳＩＴＥ』（寄生虫）の反対語である。金綺泳『下女』が『パラサイト』（寄生虫）の原型だとすれば、この映画は『パラサイト』とワンセット（一対）になった先行映画である。

『グエムル』は２０００年代前半における韓国社会の反米気分をたっぷり吸い込んだ映画だ。韓国のＨＯＳＴ（宿主）が米国であり、米軍基地から流れ出た毒物によって生み出された怪物《グエムル》が、細菌をばらまく宿主であるという構造の映画である。「漢江の奇跡」を生み出した場所が惨劇の舞台となることで、米国―韓国政権―韓国民という三層構造を意識させる映画でもあった。この映画ではソン・ガンホらが演じる韓国庶民の家族は、二つのＨＯＳＴ（宿主）による暴虐行為の被害者（細菌汚染者）になる設定だ。

映画は、最終局面になって怪物が倒され、「細菌汚染説は間違いだった」と報道されて、騒動が決着する。だが、その時には主人公の家族は、祖父も愛娘も帰らぬ人となっていたという悲劇的な結末を迎える。米国（米軍）と怪物と国家（警察やメディア）はひたすら加害者である。WHO（世界保健機関）まで加害行為に加担しているのが、新型コロナウイルス感染禍が吹き荒れる現時点（2020年5月）からすれば、興味深い。

ところが、この家族には母親がいない。そこには、語られていない陰影がある。映画のエンディングでは、祖父と娘を失った主人公一家が、血縁関係のない男の子を迎え入れて、新たな出発を決意する姿が描かれた。

韓国映画であれ日本映画であれ、映画の世界ではテレビのホームドラマとは違い、「不完全な家族」がむしろ通常であった。最近では是枝裕和監督『万引き家族』（2018）の疑似家族が代表格である。

ところが『パラサイト』では、事情が異なる。パク社長一家もキム一家も、4人家族の典型的な核家族である。映画のエンディングで「家族の絆」が強調される映画だ。

この映画のHOST（宿主）であるパク社長一家は、キム一家に侵入され、ひいては殺害される被害者である。半地下家族が放つ特有の「におい」を嫌悪して、富裕層のパク社長が貧困層のキム家の父に殺される映画だ。

『グエムル』と『パラサイト』とは、一対の映画ながら、その時代と社会認識に大きなズレがある。『グエムル』でＨＯＳＴ（宿主）の米軍関係者たちは、何ら「弁明」の機会も与えられなかった。ところが『パラサイト』では、「金持ちだから性格が良いのだ」「お金はシワを伸ばすアイロンだ」と貧乏人のキム夫婦に言わせている。これはいったい、どういうことなのか。

変態する「寄生」映画

『グエムル』と『パラサイト』の違いに、韓国社会に対するポン・ジュノの見方の変貌（リアリズム）があると言うべきだ。

『パラサイト』はポン・ジュノが10年ぶりに韓国内で作った監督作品であり、彼の映画では初めて「富裕層」の家族が登場した。そして『グエムル』とは大いに印象を異にする映画になった。『パラサイト』の三層構造はいずれも国内的な構造であり、国際的な構造を視野に入れた展開は見られない。最大のミステリーは映画後半から登場する「地下生活者」である。

ポン・ジュノの映画は、多様なテーマとジャンルに及ぶのが特徴だ。ポン・ジュノは自らを「変態」と称してはばからない。それは自分の個性をなにより大事にしたいという決意の自虐的な表現だが、新しい映画を作るたびに見せる「変身」を示唆しているようでもある。

彼の思いは米アカデミー賞授賞式でも明瞭だった。彼はマーティン・スコセッシ監督の「もっとも個人的であることが、もっともクリエイティブである」という言葉を引用し、彼に謝意を表明した。これがポン・ジュノが言う「変態」の真意である。

しかし「変態」には別の意味もある。ポン・ジュノは変化し、「成長」し、「変態《メタモルフォーゼ》」をするのだ。それが新作映画を発表するたびに観客を当惑させ、「新しいポン・ジュノ」を表出させてきた鬼才の本質である。

ポン・ジュノは現実社会をネタにして、自分自身の映画世界を描きたい欲望が強い監督だ。『パラサイト』は、いわゆる「ヘル朝鮮」（地獄のような韓国社会）を観察しながら成長してきた怪物ポン・ジュノらしい映画である。

ポン・ジュノはケン・ローチや是枝裕和のような「硬派の社会派」「柔らかな社会派」ではない。彼が謝意を表明したマーティン・スコセッシ監督や、クエンティン・タランティーノ監督に近い資質を持っている韓国映画人だ。作家性と興行性を兼備した監督なのである。

「変態するポン・ジュノ」の真相は第2章で詳述するが、ここでは、ポン・ジュノが少年時代を過ごした大邱《テグ》（韓国中部の都市）の思い出を紹介しておきたい。彼が少年期に映画館で見て熱中した映画は、米ミュージカル映画『サウンド・オブ・ミュージック』（1965）である。小学1年生の時、姉と一緒に見たという。

「3時間近くもある映画なので、終わった時は夜になっていて、驚きました。それほど集中して見たんです」
「テレビのMBC週末映画劇場でイタリア映画『自転車泥棒』（1948）を見た時は、自転車が欲しくなりました」

ポン・ジュノは熱中するタイプである。映画に影響されやすい少年でもあった。彼はこれらの体験を、日本の映画監督・犬童一心との対談で披露し、「心と感情を痛打された強烈な体験だった」と表現した。「今の私の映画がそうなっているか、それが心配です」とも語った（2006年・ソウル三成洞《サムソンドン》メガボックス日本映画祭）。

少年時代の原体験がポン・ジュノの映画観の根底にある。そのことを彼は告白しているのだ。「観客を夢中にさせる映画」。それが彼の志向する映画である。これはポン・ジュノ映画の重要なポイントだ。『パラサイト』はその意味でポン・ジュノの会心作なのであろう。

『下女』の金綺泳監督は、1960年代の韓国映画界で「怪物《グエムル》」と呼ばれ、畏敬されてきた人物である。一方のポン・ジュノは21世紀の「韓国映画界の怪物」である。

金綺泳を韓国の「ゴジラ」とするなら、ポン・ジュノは「シン・ゴジラ」だ。ポン・ジュノもシン・ゴジラも「変態《メタモルフォーゼ》」が特徴である。

半地下部屋で描かれたものとは

映画『パラサイト』の本質は、本章冒頭で述べたように、半地下部屋の生活ではなく、半地下家族4人と地下家族2人の争闘である。映画の後半に、この展開を思いついたのが、ポン・ジュノ『パラサイト』の勝因だ。

これは、一般的に想定される「格差社会映画」とは異なる味付けと視点を映画にもたらした。暗喩に満ちた『パラサイト』が、世界的に自国社会の現状との連想を呼び、想定外の展開で観客を魅了し大ヒットした所以でもある。

だが、ここでは「半地下部屋の真相」から、まず検証しておこう。

朴正熙《パクチョンヒ》政権時代の1970年、韓国政府は北朝鮮からの攻撃に備えた防空壕として、地下施設を設置するよう義務づけた。しかし「漢江の奇跡」と言われる経済成長に伴い、ソウルの住宅不足が目立つようになる。半地下部屋は地方から来た労働者たちの賃貸部屋になり、政府はこれを黙認した。1984年以降、地下施設の定義をそれまでの3分の2以上から2分の1に緩和したことから、半分は地表に出ている半地下部屋が爆発的に増加した。これも住居確保の対策だった。

2005年には半地下に住む世帯は3・7％（約58万世帯）に上った。しかし、マンションの大規模化が急速に進むにつれ、半地下世帯の比率は3・0％（2010年）、1・9％（2015年）と徐々に減少したという。現時点では、1％前後かもしれない。

一見、現代韓国社会をリアルに描いているようだが、実は『パラサイト』に映し出された韓国と実際の韓国社会の間には、かなりズレがある。

ソウル駐在40年超の黒田勝弘（産経新聞ソウル駐在特別記者兼論説委員）が「文春オンライン」（2020年2月26日）で報告したように、今や「韓国で普通、半地下部屋といえば、独り暮らしか夫婦二人のいわば間借りのような狭い空間である。（中略）あの半地下には成人男女4人が住んでいて、台所や娘・息子部屋、夫婦部屋など部屋数が多く、大きい。貧困家庭にしては生活空間が広すぎる」のである。つまり『パラサイト』における半地下部屋4人家族の設定は、無理があるということだ。

日本を含む外国メディアに、2020年の韓国社会を表象するものとして報道された4

人家族の半地下世帯は、実は、現在よりも「過去の表象」に近いことに注意する必要がある。

韓国紙の報道にも、『パラサイト』のヒットにより、半地下部屋が韓国格差社会の象徴でもあるかのように捉えられたことへの当惑が見られる。実際には、キム一家の半地下部屋の所在地に設定された北阿峴洞《プクアヒョンドン》でも、半地下部屋がおしゃれなカフェに改造されるなど、都市再開発が進められているからだ。

半地下生活のリアル

阿峴洞一帯は最近、日本で翻訳書が出た小説『韓国が嫌いで』(チャン・ガンミョン著、吉良佳奈江訳、ころから、2020)でも、貧しいヒロインの実家がある場所として描かれている。ボーイフレンドが高級住宅街・江南《カンナム》の大学教授の息子という「格差カップル」「ヘル朝鮮」の小説だ。

阿峴洞が貧困街の定番のように韓国の映画や小説に登場するのは、韓国犯罪映画の傑作『チェイサー』(2008)の地下室ロケが北阿峴洞で行われるなど「既成イメージの蓄積」が悪影響を与えている。『パラサイト』の撮影にあたって、ポン・ジュノは半地下生活の経験があるスタッフの助力を得て、映画の構想を組み立てたという。
金敬哲《キムギョンチョル》『韓国 行き過ぎた資本主義』（講談社現代新書、2019）に、リアルな半地下生活者の述懐が載っている。47歳の大学非常勤講師（男性）の体験談だ。
彼は3階建て共同住宅の半地下部屋に住んでいる。日の当たらない部屋は、いつもカビ臭い。3年前に経済的理由で妻と離婚後、ワンルームなどを転々としてきたという。

2つの大学で講義を持っているほか、補習塾で論述を教えているが、ひと月の収入は300万ウォン（下川注：27万円）くらい。

私も十数年前、ソウルの私立大学大学院で非常勤講師をした。1コマ1万円程度だった。江南区の補習塾の人気講師ならともかく、塾講師も辛い仕事である。

妻に養育費を送ることも結構な負担になる。半地下部屋からの脱出は夢にも考えられない。さらに大きな問題は、2019年から講師法が施行されることで、大学を首になる危機に直面していることだ。（中略）
「このまますべてをあきらめて、楽になりたいと思う時があります」

２０１５年の韓国国内の無縁死者数１２４５人のうち、40～50歳代の男性は38・７％。これは65歳以上の高齢男女の数字を上回っているという。一方、韓国の２０１８年の離婚率は人口１０００人あたり２・１件である。一人暮らしの中年男性の場合、高齢者よりも孤独死の可能性が高いと指摘されている。現時点の半地下生活者のリアルは、４人家族ではなく、中年男の寂しい一人暮らしである。ここが『パラサイト』の虚構を見破るポイントだ。

女性作家ソン・ウォンピョンの小説『アーモンド』（２０１６）には、主人公の母親らを襲った通り魔の中年男が、ひきこもりの半地下生活者だったという設定がある。

４年制大学を卒業して、中小企業で14年間営業の仕事をしていたが、不景気を理由に突然リストラされた。退職金で開いたチキン屋も、２年も経たずに廃業に追い込まれた。借金を抱え、家族は男のもとを去った。

同書は現代韓国人のリアルを描いた優れた小説である。日本語訳版（矢島暁子訳、祥伝社、２０１９）は２０２０年「本屋大賞」翻訳小説部門第１位を獲得した。著者（１９７

9年生まれ）はポン・ジュノが卒業した国立映画アカデミーの後輩である。

スプーン式階級家族論

映画『パラサイト』の韓国語原題は『寄生虫』である。日本語タイトル『パラサイト半地下の家族』は、原題のどぎつさを薄めた印象だ。

この映画は韓国では、どのように評価されているのだろうか。

インターネットサイト「ＮＡＶＥＲ」の観客による評点は、意外に高くない。ポン・ジュノの映画の中では、『殺人の追憶』９・65点、『母なる証明』９・45点に続いて、第３位の９・07点である。『パラサイト』が仏カンヌや米アカデミー賞を制覇した映画の割に高くない。韓国の映画観客は率直である、と言うしかない。

２０２０年２月20日に韓国で出版された『２０２０今日の映画』（未邦訳、作家社）では、著名な映画評論家など１０１人が２０１９年の「ベスト10映画」を推薦した。『パラサイト』は韓国映画部門で第１位を占めた。

同書は２００６年以来、毎年刊行されている定期刊行物だ。『パラサイト』の項目には「階級に対する創意的接近」「三層構造の階級間闘争」「複合的現況のディレンマを圧縮」

などの推薦理由が列挙されている。

総合的な選評「不条理な階級的世相のパズルを解く」を書いたのは、東国大学映画映像学科のユ・ジナ教授だ。

彼女は結語を「圧縮された経済成長が生んだ韓国型（スプーン式）階級家族論の問題を垣間見せるフレームを通じて、グローバルに共鳴の波長を呼び起こす韓国映画の成果だ」と書いている。わかりづらい文章だが、新奇なことを言っているわけではない。

「スプーン式階級家族論」というのは、最近の韓国の流行語だ。富裕層は金、中産層は銀、庶民層は銅、最下層は土のスプーンをくわえて生まれ、親の財力によって人生が決まるという宿命的階級論だ。

この論法で言うと、パク社長一家は「金」、キム一家は「銅ないし土」、地下生活夫婦は「土」のスプーン階級である。ポン・ジュノはどんなスプーンをくわえて生まれたのか。大学教授の息子だから財力的には、金というより「銀」のスプーンだ。しかし、芸術的資質は「金」のスプーンである。

「圧縮発展」の復讐

ユ・ジナ教授の批評にも出てくる「圧縮発展論」は、韓国近代化論の分析用語である。「僕らの世代は開発独裁の成功がもたらした経済生活の急激な変化を体験した」。1959年生まれのユ・シミンが著書『ボクの韓国現代史』（2014、日本語訳は萩原恵美、三一書房、2016）でそう書いている。ポン・ジュノより10歳年上である。彼は盧武鉉《ノムヒョン》政権で保健福祉長官を務めた左派の元政治家である。


「小学校を卒業するころ、僕は韓国に何やら大きな変化が起きつつあることに気づいた。1970年に京釜高速道路が開通した。韓国が13億ドル輸出する『偉業』を達成した」

「1972年、中学進学。学生食堂にラーメンが登場し、自転車で登校する子が増え、カセット再生機能付きのラジオが普及し始めた」

「1976年、現代自動車が韓国初のブランド乗用車『ポニー』を発売した」

「1978年、ソウル大学入学。何ヶ月もしないうちに浦項《ポハン》製鉄の鉄鋼生産能力を誇示するかのような巨大な鉄製の校門が建てられた」


以上が、朴正煕《パクチョンヒ》大統領暗殺事件が起きた1979年までの出来事だ。ユ・シミンは一挙に大衆消費社会に飛躍した韓国を、次のように比喩して表現する。

「1960年代初め、韓国経済はエンジンをかけられずにいる飛行機だった。燃料も滑走路もなかった。1972年あたりで飛行機は加速度を増しつつ滑走路を走っていた。1979年に車輪が地面を蹴って浮き上がった。本格的に高度を上げたのは民主化後の盧泰愚《ノテウ》・金泳三《キムヨンサム》政権のころだった。ところが急激な上昇は1997年に突然終わった。アジア通貨危機だった。1999年に反騰した韓国経済は、金大中《キムデジュン》・盧武鉉《ノムヒョン》政権の10年間に不安定ながらも徐々に上昇を続けた。李明博《イミョンバク》政権初期の下降はリーマンショックと為替相場管理の失敗が原因だった」

金大中・盧武鉉時代への評価は、自画自賛である。いま、現代韓国に吹き荒れる「新自由主義」経済は、ＩＭＦ危機とともに金大中政権時代に導入されたのだから。

絶対貧困―高度成長―格差社会。わずか50年間で経験した韓国社会の変貌は、21世紀になって「スプーン式階級家族論」を生み、さらに急激な少子高齢化によって「老いてゆく韓国」が不可避の現状である。

韓国の合計特殊出生率（1人の女性が生涯に産む子供の数：2019年）は0・92であ

る。

カン・ジュンマン（全北《チョンブク》大学新聞放送学科教授）は、『韓国現代史散策』（未邦訳、人物と思想社、2003）で知られる韓国現代史の研究者である。「裕福な生活を楽しみながら、思想的には社会主義者に近い」韓国人を皮肉った著書『江南左派』（未邦訳、人物と思想社、2011）を刊行し、流行語にした学者でもある。

進歩派新聞『ハンギョレ』への寄稿記事（2019年1月27日）では、「成長は圧縮できるが成熟は圧縮できない」という言葉を引用した。そして「我々はミミズでもちゃんと生きられる社会より、竜を志向する社会に執着してきた」のであると指摘し、「これは圧縮成長による復讐である」と断じた。彼の文章はいつも毒気に満ちている。

韓国内で最大ヒット映画にならなかった理由

オスロ大学教授のパク・ノジャ教授（韓国学）は、CBS（基督教放送）ラジオに出演して、次のように語った（2020年2月13日）。

「『パラサイト』は、韓国の根本問題を正確に描写した映画です。韓国の問題は、世界の同じような病気の高濃度の圧縮版です。だから、この映画に世界が熱狂しているのです」

パク教授は韓国国籍を取得したロシア人男性である。九州大学に客員研究者として短期間滞在したこともある。左派的な論調で知られ、韓国メディアにもよく登場する人物だ。

彼の指摘は、きわめてポイントを突いている。

「(その病気とは）不平等の内面化です。連帯の不可能性です。まず半地下生活と高級邸宅の対比であり、2番目は半地下に住んでいる者同士が互いに殺し殺される流血戦を演じることです」。不平等と連帯不可能。この二つが彼の提示したキーワードである。

同教授は、「連帯できるのは家族単位までです。それも出来ない場合がちょっと多いですね」と指摘した。映画を正確に見ていると言えそうだ。特に「家族」に着目したのが鋭い。

『パラサイト』の韓国内での評判を調べていると、実は、批判的なものも少なくない。「ポン・ジュノによる庶民冷笑劇」とブログで不満を吐露したのは、自らを「土のスプーン」階層出身者という若い女性だ。彼女は「半地下生活者との一線を越えなかったのはポン・ジュノ監督自身だ」と批判した。

『パラサイト』の韓国内観客動員数は2019年末現在、1008万人の歴代第19位である。ポン・ジュノの2006年の映画『グエムル』(観客動員数1302万人）のほうが韓国人に愛好された事実を重視したい。『パラサイト』に対する一部韓国人の不評は、「暗喩に富んだリアリズム」に対する嫌悪感から来ているようだ。要約して言うと『パラサイト』には希望が感じられない。そこにあるのは社会集団を隔てる「階段」であり、「におい」であるからだ。

華々しい受賞歴とはうらはらに、『パラサイト』は2019年の韓国で、最大のヒット映画ではない。

最大の観客を動員したのは、ハッピーエンドの警察喜劇映画『エクストリーム・ジョブ』だった。旧正月に公開され、史上歴代2位となる1626万人が見た。歴代1位は、『バトル・オーシャン　海上決戦』（2014）の1761万人である。豊臣秀吉軍を撃破した李舜臣《イスンシン》将軍の戦いを描いた愛国主義映画だ。

この映画が大ヒットして、韓国民は大人から子供まで閑山島《ハンサンド》沖海戦での「鶴翼」の陣形を改めて知った。『パラサイト』の最終盤のガーデン・パーティーで、パク社長夫人が指示したテーブル配置の形状である。

「におい」問題を可視化

『パラサイト』の映画史的意義は、「におい」という身体感覚を可視化したことにある。

「におい」は西洋社会の歴史から見ても、ブルジョワジーの身体感覚である。芳《かぐわ》しい香りに酔うブルジョワの感覚は、下層民の悪臭を排除する暴力でもあった（アラン・コルバン『においの歴史』１９９０）。

是枝裕和監督『誰も知らない』（２００４）でも、柳楽《やぎら》優弥《ゆうや》演じる主人公の少年の友人たちが理由をつけて、誘いを断る場面がある。彼らは「あいつの家、臭いんだよ」「生ゴミのにおい」とささやいていた。

この映画は１９８８年に発生した巣鴨子供置き去り事件を題材にした。母親がいなくなった子供４人（父親がそれぞれ違う）の生活ぶりや、彼らのために援助交際する女子高校生などが丹念に描かれている。『万引き家族』（２０１８）に引き継がれる是枝監督の視点がある。

『パラサイト』で、「におい」の問題は深刻だ。

金持ちパク家の子供は、半地下キム一家に共通するにおいがあることに気づき、パク社長はそれを「煮洗いした布巾のようなにおい」「地下鉄のにおい」と表現する。においが半地下家族の身体に染み付いており、それが殺人劇の決定的な要因として作用するのだ。

映画『パラサイト』の最大の謎は、地下室に住んでいた男「グンセ」である。彼は何者なのか。

「2017年」の謎

それを考察する前に、ポン・ジュノ自身が語る『パラサイト』製作の経緯を読んでみよう。仏カンヌ国際映画祭パルムドールを受賞して約4カ月後の2019年9月に刊行された『「寄生虫」シナリオ集&ストーリーボードブック』（未邦訳、プレインアーカイブ、2019）巻末の対談で、彼はそれを詳細に語っている。抄訳して紹介する。

――『パラサイト』のアイデアは、いつ浮かびましたか？

「2013年に遡ります。アイデアは『グエムル』など実際の体験に基づいたものとは違います。『パラサイト』は当初、「デカルコマニー」が仮題であり、念頭にありました。金持ちと貧乏人の4人家族同士の対照です」

映画の発想が浮かんだのは、2013年『スノーピアサー』の後半作業をしていた頃になる。デカルコマニー（合わせ絵）は、折りたたんだ紙に絵の具を落として開くと、ほぼ対称的な図面が現れる絵画手法だ。精神分析のロールシャッハ法を思い出すと、わかりやすい。この発想は米国のジョーダン・ピール監督『アス』（2019）に近い。自分たちと瓜二つの姿をした4人家族に遭遇して起きる惨劇の映画だ。『グエムル』製作の発端は、漢江鉄橋から川面に異様な生物を見たという個人的体験からであるとポン・ジュノは語っていた。それとは違い『パラサイト』は抽象的な発想に基づいているということだ。

「それが途中で、一つの家に3家族が住むという構想に変わった。地下室の夫婦が登場して、シナリオの構造が変わったのは2017年のことです。それまでは2家族でした」

――3家族になった理由は何ですか。

「2015年には、タイトルが『寄生虫《パラサイト》』になっていました。貧乏な家庭中心の物語ですね。でも、その時までは後半部分が（実際に作った映画とは）違っていました。2017年8月7日になって、その構想を完全に変更したんです。（クランクインまで）3ヶ月を残した時期でした」

ポン・ジュノは正確な日にちまで語っている。その日、彼は俳優・キム・レハの家族との食事のため、マイカーを運転していて突然、３家族構成の映画のアイデアが脳裏に浮かんだという。キム・レハは、大学時代の短編映画『白色人《ペクセギン》』に出演している古くからの親友である。彼は『殺人の追憶』『グエムル』にも出演した。手持ちのアイパッドに残したメモを見ながら、ポン・ジュノが言う。

「パク社長の一家が全員、1泊2日のキャンプに出かけて、ナム・ギテク一家は……。あれっ、ナム（南）となってるなあ。ナムをキムに変えたんですね」

映画製作の細かな痕跡までわかる証言だ。「キム（金）」は韓国人の姓で最大の割合（21・5％）を占める。「キムが一番ありふれているからね」とポン・ジュノ。だからキム一家は一般的な韓国人家庭そのものの暗喩だ。そのキム一家が半地下生活者だという映画なのである。ちなみに2番目に多い姓が李《イ》（14・7％）であり、3番目が朴《パク》（8・4％）である。金持ちの社長の姓が「パク」なのは、どうしてなのか。

「地下室の登場。アナザー・フォー。最初は地下室の夫婦も4人家族でした。しかし、それは非現実的だというので、夫婦だけにしたんです。他人の家で寄生虫同士が肉弾戦を繰り広げる。主人家族は何も知らない……」

これで映画『パラサイト』のスクリプト（あらすじ）ができた。

「その後、バンクーバーであれこれしながら、シナリオを書きました」

ここまで手の内を見せてくれた有名監督も少ない。彼の話の要点は、地下室から「アナザー2」が登場するのは、当初、想定外だったということだ。

では、このアイデアはどうして生まれたのか。

描かれた韓国民同士の激突

2006年公開の『グエムル』は、すでに記したように、米国（米軍）が韓国の悪しき「HOST」（宿主）であるという発想にもとづく映画である。怪物を誕生させたのは、漢江に有毒物（ホルムアルデヒド）を米軍基地が流したからだという映画だ。

この映画には政治的な背景がある。2002年6月に、ソウル北方にある楊州郡《ヤンジュ》（現・楊州市）で起きた米軍装甲車による女子中学生轢死《れきし》事件である。

米第2歩兵師団所属の装甲回収車が、38度線に近い駐韓米軍基地に帰ろうとして、公道で女子中学生2人を轢死させた事件である。米軍の軍事法廷は起訴されていた米兵士2人に無罪評決を言い渡した。彼らは謝罪声明を発表後、帰国した。

事故は「FIFAワールドカップ」の開催中に起きていたが、大会閉幕後になって米軍を糾弾する声が広がった。12月にはブッシュ米大統領が金大中大統領との電話で謝罪したが、韓国民の怒りはなかなか収まらなかった。

映画『グエムル』の冒頭、「2002年6月」という文字が画面に表示される。ポン・ジュノはこういう手法を取る映画監督である。

では、今回の『パラサイト』の「国民同士の私闘」というモティーフは、どこから得られたのか。

「三層構造の映画」の着想を得たという2017年に遡ると、それは簡単に発見できる。

この年は、朴槿恵《パククネ》前大統領の弾劾・辞任をめぐって韓国の進歩派（左派）と保守派（右派）が激突した「弾劾政局」があった。同年3月10日、憲法裁判所は朴槿恵の大統領罷免を裁判官全員の一致で決定し、朴槿恵は直ちに失職した。

この際、憲法裁判所の前に集まっていた弾劾反対派は、一部が暴発して警察隊のバリケードに突入するなどして、70歳代の高齢者3人の死者（のちに5人と推計）が出たのである。死因の詳細は明瞭ではない。

韓国の取材を始めて以来、私は多くの「韓国民の死」に遭遇してきた。1987年の民主化は学生の拷問死がきっかけだった。その後の「公安政局」では学生の自殺が相次いだ。韓国の解放後史を振り返ると、左右勢力によるテロ事件が頻発した。北朝鮮による南侵で始まった朝鮮戦争は、同族が殺し合った戦争である。

だから、映画『パラサイト』における半地下生活者と地下生活者の私闘シーンを見た時、私が「弾劾政局の死者」を想起したのは理由のないことではない。この時に亡くなった高齢者たちは、どういう人生を歩いてきた人だったのか。韓国現代史とともにあった人々であるに違いないのだが、韓国メディアに詳細な追跡取材は見られなかった。

念のため旧知の韓国人に聞いてみても、似たような感想は少なくなかった。40歳代の知人は「殺されるパク社長は、朴正熙や朴槿恵のことですよ」と言った。

地下生活者夫婦の名前も変だ。元家政婦の妻は「ムングァン」である。ポン・ジュノは、シナリオ本の対談で「門狂《ムングァン》」もしくは「門光《ムングァン》」だと説明した。侵入するキム一家に門を開けた存在だからというが、いささか無理がある。夫の「グンセ」はパク社長を尊敬しており、再三「リスペクト!」と叫ぶ。これは朴槿恵と支持者の関係を連想させる。

映画『パラサイト』の三層構造を、「韓国富裕層―韓国貧困層―北朝鮮」と見なす解釈もある。ムングァンが、スマホの送信ボタンをミサイル発射ボタンに擬しながら、平壌《ピョンヤン》放送の女子アナの口調を真似るシーンがあるからだ。韓国保守派のユーチューバーは「ムングァンは文在寅《ムンジェイン》のことだ。地下と2階を行ったり来たりする」と独自の解釈を語っていた。私自身はこういう「謎解き」の横行には疑問がある。暗喩に満ちた映画として起こりうる現象だが、現実に起きた事象を実際にどれほど反映しているかは、大いに疑問だからだ。

韓国版DVDで『パラサイト』を何度か見るうち、あることに気づいた。地下住民が画面に登場して以来、パク家の細長い食卓のイスの数が8個から10個に増えているのだ。さすがにディテールに凝る監督（ポン・テール）と言うべきか。「地下生活者」とは、韓国の歴史社会の底層に埋められてきた「疎外された人々」であるのは、明らかであると思う。

第一作『白色人』との共通性

映画監督であれ小説家であれ、フィクション表現者の作品には第一作以来、一貫性と変化が現れる。ポン・ジュノにおいても同様である。

彼が大学時代に監督した初めての短編映画『白色人《ペクセギン》』（1993）に注目したい。この作品には『パラサイト』と同種の映画的趣向が見られる。学生時代の作品には、まだ「家族」というテーマは現れていない。

16ミリフィルムで撮影したこの短編映画『白色人』は、ポン・ジュノが延世《ヨンセ》大学の映画サークル「黄色い門《ノーランムン》」当時に作った作品だ。妻のチョン・ソンヨンに初めて会ったのも、この時代である。10階建てほどの「現代《ヒョンデ》アパート」に住むホワイトカラーの男が主人公だ。建物の大きさは、大学生時代のポン・ジュノが住んでいた蚕室《チャムシル》の「薔薇《チャンミ》アパート」に似ている。

映画が始まると同時に流れる劇中のテレビCMの音声が耳にうるさいほどだ。窓の下を見ながらタバコを吸っていた男が、飼っている金魚を手づかみにする。タバコの煙を吹きかけ、タバコの火を金魚の口に押し付けようとする。冒頭から不安な気持ちにさせられる演出だ。

出勤しようとして駐車場に出た男は、車の間に落ちている何かを見つけた。切断された指である。それを拾い上げると、そのまま会社に向かう。会社に着いた男は、他の社員に見つからないように、7センチほどの人指し指を革製の印鑑入れに保管して自宅に持ち帰る。男はそれで電話ボタンを押したり、指をきれいに洗って耳に挟んだりして、もてあそぶ。

会社からの帰宅途中、男の現代車《ヒュンダイ》がエンストする。業者を呼んで修理に出す。歩いて帰宅する男。彼は貧困者住宅街の路地を抜け、急な階段を上ってゆく。「タルトンネ」（月の町）と呼ばれる山の上にある貧困地帯だ。

「タルトンネ」は当時のソウルには、あちこちに点在していた。この撮影はポン・ジュノの映画同好会事務所があった麻浦《マッポ》区一帯で行われたに違いない。平屋建ての老朽化した屋根の連なりの向こうの丘陵に、高層アパート群が数棟見える。これは1980年代のソウルの街並みの俯瞰映像である。私も特派員時代に見た光景だ。

再びテレビ画面。男はニュースで作業中に指を切断した労働者が、社長を殴打し6週間のケガを負わせたことを知る。無表情に見つめる男。翌日、男は出勤途中、その指を階段にいた犬に投げ与え、会社に向かう。

日常性と非日常性。奇妙な男の二重性。猟奇的な性癖。貧困街と高層アパート群、ロープに吊るされた洗濯物、夕陽……。その後もポン・ジュノの映画に登場する映像が初作品に見られることに驚く。これは彼自身が自称する「変態性」を露呈した作品でもある。

ポン・ジュノ『パラサイト』は、前々作『スノーピアサー』（2013）の発展系として語られることが多い。後者が「格差社会のリアル」を列車内部の移動という水平系の画面で表現したのに対し、前者は階段を行き来する垂直系の画面移動で描写し、成功したからだ。
しかし、『パラサイト』の持つ複雑系の構成（変態性）は、すでに処女作『白色人』に多々類似するものが潜伏していた。
『パラサイト』が米アカデミー賞4冠に輝いたことで、この作品にも注目が集まり始めた。最近、この映画を見た韓国人のブログには、次のような感想が記されていた。

「僕の幼年時代を思い出した。小学生の頃に住んでいた団地には、分譲住宅と賃貸住宅があった。僕は賃貸住宅に住んでいた。ところが分譲住宅に近い公園で遊んでいると、そこにいたお婆さんたちが、どこの棟に住んでいるのかと聞く。答えると、向こうの公園に行けと追いやられた。それ以降、僕は何棟に住んでいるか、答えないようにした。いま、僕は賃貸住宅に住んでいるわけではない。この短編映画を見て、突然、あの頃のことを思い出していた」

「アパート共和国」と言われるほどマンション群が多い韓国で、日本の団地と同様に、分譲—賃貸の格差に心を傷つけられた人もいたのである。

『パラサイト』で見えたポン・ジュノの「変容」

ポン・ジュノの『パラサイト』は、それまでの彼の映画と異なる点が、大きく言って三つある。

一つ目は、彼が初めて金持ち一家を描いた家族映画である点だ。二つ目は、貧富両家族が4人構成の核家族であるという点だ。三つ目が警察権力の姿が凡庸に描かれている点だ。2006年の都市映画『グエムル』とは異なる様相が展開される。

ポン・ジュノの大学時代の習作『白色人』や映画アカデミーでの実験作『支離滅裂』（1994）など独身時代の映画2本の主人公は、いずれも単身の男だ。結婚後の長編デビュー作『ほえる犬は噛まない』（2000）は大学講師と妊娠中の銀行員の妻である。『グエムル』は母親不在の5人家族だった。『母なる証明』（2009）は母子の映画だ。ポン・ジュノの一人息子が映画監督として独立した後に作った『パラサイト』（2019）では、絵に書いたような2組の4人家族（夫婦、娘、息子）の対照映画である。そこに地下生活者の夫婦を登場させたのが、ベテランになったポン・ジュノの作戦勝ちだ。

ポン・ジュノの「家族映画」は、その構成には変化があるものの、「家族の紐帯《ちゅうたい》」を強調する点では共通する。それは、いささか古風な家族観に支えられている。

『ほえる犬は噛まない』では昇進のチャンスを生かすために、若い夫婦が学長に賄賂を贈る。『母なる証明』では、息子が真犯人であることを母親が隠し通す。『グエムル』は娘の死後、他人の男の子を交えた生活を決意する疑似家族の傾向が見られるが、『パラサイト』では「詐欺」家族4人の強い紐帯を描く映画に逆戻りした。

『殺人の追憶』（2003）の暴力的で無慈悲な警官、『グエムル』（2006）で被害者親子をいじめ抜く韓国警察などの描写と対照的に、『パラサイト』の警官たちは殺人犯が地下に隠れているのすら気づかない間抜けぶりだ。

2019年の閉塞状況にあって、半地下のキム一家が金持ちパク一家と同様な「夫婦、子供2人の核家族」であるという設定は、現実的《リアル》な社会認識とはかなりの距離がある。それゆえに韓国の観客はポン・ジュノ作の「黒いおとぎ話」として、『パラサイト』を受け止めることができた。日本をはじめ外国の観客たちも、韓国という異国の素材をもとにした悲喜劇を余裕を持って鑑賞した。

ポン・ジュノの映画を見てきた韓国映画通の四方田犬彦《よもた》（映画史家）が、この映画を「安心して見ることのできる貧困観光」（『中央公論』2020年5月号）と評したのも、理由のないことではない。

付言すれば、この映画の最大の功労者は、金持ちパク家の美しき社長夫人である。だまされやすく権威に弱い「シンプルな奥様」のおかげで、キム一家はやすやすと侵入できた。自宅の地下に「先住民」が住みついているのも気づかない。そのパク夫人を演じた女優チョ・ヨジョンの演技がすばらしい。

追放された家政婦ムングァン役のイ・ジョンウン（日本映画『焼肉ドラゴン』の母親役）とともに、この危うい映画を成立させた「魔法の女優」である。

ポン・ジュノの『パラサイト』は、格差社会を告発した映画ではない。彼が大学時代から眼前にしてきた格差社会の現実を前提としながら、暗喩を駆使した想定外の2時間ドラマを作り上げ、「貧富接触」の意味を「共生と寄生」から考察した生態論的都市映画《ニュー・シティシネマ》だ。

本来はポップコーンを食べながら空調の効いたシネコンで見るには、あまりに面倒くさい映画である。韓国民にとっても後味が悪いのは当然だ。しかし、韓国の現実を知らない外国の観客には、自国の『格差社会』ぶりはさておいて、楽しんで見られるブラックな悲喜劇である。

映画『パラサイト』の最大の欠点は、現代韓国の繁栄と奢侈《しゃし》の象徴である「江南《カンナム》」がワンシーンも登場しないことだ。金持ちパク家は城北洞《ソンブクドン》、貧乏なキム家は阿峴洞《アヒョンドン》と、その所在地はいずれも江北《カンブク》であり、むしろ1980〜1990年代頃に典型的であった「貧富格差」地域なのである。

韓国で人気を集めたドラマ『恋のスケッチ ～応答せよ1988～』（2015）のヒロイン5人家族の住居は、ソウルの北東部にある道峰《トボン》区双門洞《サンムンドン》の半地下部屋であった。「半地下の家族」は2019年ではなく、30年ほど前の住宅事情の表象であると言うほうが正確だ。

親族の不正行為が発覚して失脚した曺國《チョグク》元法相の住むマンションは、江南の瑞草《ソチョ》区方背洞《バンベドン》の高級住宅街にある。曺國は「富裕層ながら進歩派志向」である「江南左派《カンナムチャパ》」（欧米の「シャンパン社会主義」に相当）の典型だ。

現代韓国において「貧富の格差社会」を本格的に問題提起する映画を作るつもりなら、高層マンションが建ち並ぶ江南3区（瑞草《ソチョ》区、江南《カンナム》区、松坡《ソンパ》区）の金持ち4人家族と、同区内にも存在する半地下住居の単身生活者を比較する映画にするはずだが、ポン・ジュノはそういう映画にしなかった。

『パラサイト』のような若きIT企業社長の4人家族なら、財閥系企業の邸宅が多い城北洞の高級住宅街よりも、瑞草区や江南区の超近代的高層マンションに住むのが似つかわしい。財閥企業サムスンのエリート社員たちや高級官僚、知識人が住んでいるし、映画監督ポン・ジュノも瑞草区に住んでいるのである。

是枝裕和とポン・ジュノ

是枝裕和とポン・ジュノは対照的な作風である。

「格差社会」映画を撮らせても、まったくタイプの異なる映画に仕上がる。簡単に言えば、是枝は「穏やかな社会派」監督であり、ポン・ジュノは本人の言葉を借りれば「映画派」である。

英国のケン・ローチ、日本の是枝裕和、韓国のポン・ジュノは、仏カンヌ国際映画祭の4年間で相次いでパルムドールを受賞した。ケン・ローチ『わたしは、ダニエル・ブレイク』(2016)、是枝『万引き家族』(2018)、ポン・ジュノ『パラサイト　半地下の家族』(2019)である。いずれも自国の「格差社会」をテーマにした映画だ。

ケン・ローチはパルムドール2回受賞の名監督。1936年生まれ。2019年には、撮りたい映画があると引退宣言を撤回して、最新作『家族を想うとき』で戻ってきた。

過酷な契約に翻弄される宅配ドライバー。妻は介護福祉士として懸命に働く。長時間労働が家族を引き裂き、皆が悲鳴を上げる。英国ニューカッスルを舞台に描いた映画は『パラサイト』と同じ4人家族だが、そのリアルさはポン・ジュノの「暗喩リアルの虚構」を打ち砕く切実さがある。

是枝とポン・ジュノは2019年12月、NHKテレビで対談した（2020年1月放送「おはよう日本」2月9日全文掲載より）。是枝がポン・ジュノにインタビューする形式だが、両監督の特質がよく出ていた。そのポイントは以下の部分だ。

是枝「僕の映画は、転調こそするけれども、やっぱりポン監督ほどダイナミックに、オーケストラ100人が一気に楽曲を奏でるように、大きく展開させるっていうのは、相当、力がないとできない。日本だと、黒澤明監督ですね。それくらいのスケール感が必要だと思います（略）」

ポン・ジュノ「是枝監督の作品も、相対的には静的だと感じますが、映画の底辺には繊細な緊張感が流れていると思います。『誰も知らない』も表面的には小さくて静かな瞬間が続いていきますが、そこには『どんなに待っても帰ってこない母親の不在』を基調とした、不吉な弦楽器のストリングスのような不安感が、長く続いている。そして、その弦がパチンと切れてしまうかのような、悲劇的な瞬間を迎えますよね。これは、『心のスケール』ともいうべきものでしょうか。是枝監督の方が、心や感情の描き方のスケールは、圧倒的に大きいと思います」

お互いの特質をよくわかった者同士の対談である。ポン・ジュノ『パラサイト』は、この対談の後に行われた米アカデミー賞授賞式で、作品賞など4部門を席巻した。

ポン・ジュノは現代韓国の異能の映画監督である。是枝裕和は現代日本の着実な監督なのである。

次章では、ポン・ジュノの生育史と映画史《フィルモグラフィ》から、彼の資質と変容を考察したい。

第2章

ポン・ジュノの正体

——世界化への「変態」

ソウルの大型書店に行くと、ポン・ジュノの半生を描いたマンガ本が2冊も並んでいる。2冊ともポン・ジュノが『パラサイト　半地下の家族』(2019)で、米アカデミー賞4冠に輝いた2020年2月9日(現地時間)に前後して緊急出版された。

世界各国のマンガを栄養にして成長してきたポン・ジュノだが、自分自身が「マンガ偉人物語」の素材になるとは、かつて想像できなかったに違いない。彼は韓国映画100年の年に出現した「国民監督」という称号付きの怪物《グエムル》である。

大韓民国のシンボルに成長したポン・ジュノの成長《メタモルフォーゼ》(変態)過程を、誕生以降の社会変動を背景に、「家族」「住居」「映画」の座標軸を中心に検証したい。

ポン・ジュノは芸術一家に育った「韓国マンガ第一世代」である。韓国の圧縮成長時代に生育し、民主化時代に大学生になった。「変態」を自称する感性は、映画サークル時代から顕著であった。その個性は国立映画アカデミーで成熟した。

最近のポン・ジュノは「世界化《グローバル》への変態」過程にある。

怪物の成長過程

ポン・ジュノの映画史は、四つの時期に区分できる。

①韓国国内準備期（1993〜2000）

延世《ヨンセ》大学時代の短編映画『白色人《ペクセギン》』（1993）、国立映画アカデミー時代の実習作『支離滅裂』（1994）、長編デビュー作『ほえる犬は噛まない』（2000）までの時期だ。第1作『白色人』からポン・ジュノらしい個性（「変態性」と「社会格差」への視点）が発揮された。『支離滅裂』は社会上位層への風刺に富んだ作品だ。『ほえる犬は噛まない』はポン・ジュノの映画世界を初めて商業映画として構築し、次のステップへの飛躍を準備した。

②韓国国内発展期（2001〜2009）

起死回生の傑作『殺人の追憶』（2003）のヒットで息を吹き返し、『グエムル　漢江《ハンガン》の怪物』（2006）の大ヒットで確固たる地位を確立した。『母なる証明』（2009）で見せた作家性は内省的な構想力を示した。

③国際的準備期（2010〜2018）

米ハリウッドで製作した『スノーピアサー』（2013）は格差社会をテーマにした国

際的意欲作だったが、その目的は未達成に終わった。Ｎｅｔｆｌｉｘで製作したオリジナル映画『オクジャ』（２０１７）で配信映画の世界を経験した。

④国際的発展期（２０１９〜）

『パラサイト　半地下の家族』（２０１９）が仏カンヌ国際映画祭パルムドール、米アカデミー賞４冠に輝き、一挙に国際的スター監督の座へ駆け上った。

芸術家一族の末っ子

ポン・ジュノは１９６９年９月14日、韓国大邱《テグ》広域市南区《ナム》鳳徳洞《ポンドクドン》で、２男２女の末っ子として生まれた。

父親は当時、大邱の南にある私立嶺南《ヨンナム》大学応用美術科教授だったポン・サンギュン（１９３２－２０１７）である。

母親は小説家・朴泰遠《パクテウォン》の次女・朴小英《パクソヨン》だ。兄ポン・ジュンスは、現在オスカー・ワイルドなど英米モダニズム詩人を研究するソウル大学英文科教授であり、長姉ポン・ジヒは延世大学ファッション・ビジネス学科教授。次姉ポン・ジヨンは主婦である。妻は、シナリオ作家のチョン・ソンヨン、一人息子のポン・ヒョミンも映画監督である。

ポン・ジュノの幼少期に関して、もっとも多くの機会に語っているのは、7歳年上の姉ポン・ジヒである。

「静かで口数が少なく、のろくて、勉強はとても良くできて、リーダーシップもあったが、特別に才能があるとか劣るとかではなかった」

韓国メディアで、よく引用される回顧談である。韓国版ウィキペディアに載っているからだ。彼女によると、ポン・ジュノは父親の書斎で映画や建築、デザイン関連の図書を読んで育ったという。父の書斎が怪物の「揺籃《ゆりかご》」だったのである。

ポン・ジュノが映画監督になりたいと言ったのは12歳の頃だ。父母は反対しなかったどころか、「やりたいことはやりなさい」と激励した。

ここまでが基礎知識だ。しかし以下のことは、韓国版ウィキペディアにも書いていない。

少年を育んだTV映画

意外なことに、少年ポン・ジュノは市街地にあった映画館「アカデミー劇場」（現在は閉館）などには、あまり行かなかったという。

ソウルの映画祭で行われた犬童一心監督との対談（2006年）で、彼は「母親が、映画館や地下の喫茶店はウイルスの温床だ、と言うのです」と語っている。モダニズム小説家・朴泰遠の次女は、衛生意識が堅固だったようなのだ。

その代わりに、テレビや米軍放送（ＡＦＫＮ：アメリカン・フォース・コリア・ネットワーク）で映画をよく見た。ビデオもＤＶＤもない時代だ。「英語がよくわからず、韓国のテレビで放映される外国映画も寸断されていて、想像力で補いながら見た。それが今、映画作りに役立っていると思う」とポン・ジュノは語る。

残酷な作風で知られる米国人監督サム・ペキンパーの映画が放送された時は、暴力場面はカットして放映された。ペキンパーの『ゲッタウェイ』（１９７２）が昼間に放送された時、暴力シーンはピンクの星マーク、ラブシーンはピンクのハートマークで覆われたのだという。韓国のテレビ検閲手法はケッサクだったのである。

ポン・ジュノの家族は旅行、スポーツ、レジャーにまったく行かず、一年中、テレビを見る家庭だった。これもちょっと特異だ。「ドラマを見ながら、俳優のマネをするのが家族の趣味でしたね」。家族ぐるみでテレビで映画を和気あいあいと見る。そんな家庭環境がポン・ジュノを育てた。これはオタク少年の純粋培養に近い。

ポン・ジュノが米アカデミー賞を席巻したことで、姉のポン・ジヒに取材が押し寄せた。2月11日のＫＢＳラジオで、彼女はポン・ジュノの旺盛な好奇心と同情心について語った。

「父親の書斎は、わが家の宝物部屋でしたね。外国から買ってきた本や小物がたくさんありました。映画や本、テレビも家族全員が好きでした。ほかの家でもそうだと思っていました」。ポン・ジュノの発言と符合している。

「弟は小学生の頃、生活が苦しい家庭の友達をよく家に連れてきました。母親にご飯を食べさせてもらって、そんなことをよくしていました。母親がほかの兄姉と違うと言って、ほめていましたね。そんな他人に配慮する気持ちが幼い頃からありました」。これは他人に優しい資質を立証する目撃談だ。

ポン・ジュノの家族はやがて、南区鳳徳洞《ポンドクドン》の家から同区大明洞《テミョンドン》の新築住宅に転居する。鳳徳洞の生家は失われているが、この大明洞の一戸建て家屋は現在も残っている。

庭付き、三角屋根の、瀟洒《しょうしゃ》な3LDK住宅（約80坪）である。驚いたことに、2020年3月現在、賃貸の広告が韓国のネット上に出ていた。伝貰《チョンセ》が2億ウォン（約1800万円）だ。「中産層の上流」といった印象の佇《たたず》まいである。彼の「家庭環境の良さ」を示すデータでもある。

「チョンセ」は韓国独特の住宅賃貸制度だ。借り手は契約時に住宅価格の5~8割程度の保証金（伝貰金）を貸し手に払う。伝貰金は契約終了時に借り手に全額返還される。貸し手は伝貰金を資金運用して、利子などの収入を得る仕組みである。この家の現在のオーナーが誰であるのかは、はっきりしなかった。

1980年代のソウル

ポン・ジュノは小学3年の1976年、父の転勤でソウルに引っ越す。新しい住居は江南《カンナム》の新興住宅街・蚕室《チャムシル》（松坡《ソンパ》区）の「薔薇《チャンミ》アパート」。高層アパート群である。

映画史研究に新しい視点を切り開いた四方田《よもた》犬彦（1953年生まれ）が1979年、この薔薇アパートに入居した。ソウルの建国《コングク》大学で日本語教育を行う少壮教師だった。同じアパートでは、岩波文庫『朝鮮民謡選』（1933）をまとめた詩人・金素雲《キムソウン》（1907年生まれ）が、その晩年を送っていた。

四方田の『われらが「他者」なる韓国』（平凡社ライブラリー、2000）に記された金素雲との出会いが味わい深い。四方田は1980年代、日本に韓国映画を紹介した先駆者の一人だ。金素雲—四方田犬彦—ポン・ジュノ。3人が同じアパートに住んでいたのは「奇縁」と言うしかない。

韓国語の「アパート」は、日本で言えば「マンション」に相当する。

１９７０年代以降のソウルは、「アパート共和国」と言われるほどマンション建設が盛んだった。松坡区、江南区、瑞草《ソチョ》区は今、「江南３区」と呼ばれるセレブの街になった。張吉秀《チャンギルス》監督の短編映画『江の南側』（１９８０）が記録した江南区大峙洞《テチドン》の「銀馬《ウンマ》アパート」建設現場一帯は40年後の今、韓国最強の「学習塾の街」と変貌した。「大峙洞キッズ」と呼ばれる小学生たちが英才高校、名門大学への進学を目指して、深夜までしのぎを削る街だ。「学歴格差社会」の韓国を象徴する場所である。

蚕室はアジア競技大会（１９８６）、ソウル五輪（１９８８）のメイン競技場が造られた新しい街だ。

ポン・ジュノは2年前に開校したばかりの蚕室高校に１９８５年から通った。江北《カンブク》（漢江の北部）にある国際劇場、スカラ座、明宝劇場でよく映画を見た。映画雑誌『ロードショー』『スクリーン』を愛読する映画少年だった。

ポン・ジュノが目にした漢江の光景

１９８７年頃、ポン・ジュノは自宅の窓から、漢江鉄橋によじ登る奇怪な生物を見たという。その正体が何だったのかは定かでないが、頻繁に紹介されるエピソードである。これが『グエムル　漢江の怪物』製作の動機になったとされる。

ポン・ジュノの名を一躍有名にした大ヒット映画『殺人の追憶』に出てくる警察署の地下構造は、蚕室高校の地下室にヒントを得て造ったと言われる。ポン・ジュノの映画の背景には、常に彼の個人的体験があることを記憶しておきたい。

私が初めて韓国に渡った1975年、漢江の川向こうで江南の新興マンション群の建設が始まっていた。10年後の1985年、延世大学に語学留学した時には、すでに立派な高層ビル街に変貌していた。

1981年には江南に高速バスターミナルが竣工し、翌年には夜間交通禁止令が撤廃された。全斗煥《チョンドファン》大統領の「第五共和国」時代は、1987年の「民主化」以後を準備する胎動期でもあったのである。

延世大学でポン・ジュノの1年後輩だったチョン・ヨンイン（京郷新聞《キョンヒャン》記者）も、1980年代の蚕室に住んでいた。彼によれば当時、蚕室のアパート群には、市営と分譲とで貧富の差異があった。「僕が住んでいた市営アパートとポン先輩が住んでいた薔薇アパートだ」という。チョン記者がポン・ジュノ宅を「富者《プジャ》アパート群」に分類しているのが興味深い。

蚕室から延世大学がある西大門《ソデムン》区新村《シンチョン》まで、地下鉄で45分かかった。「ポン先輩とは一緒に酒を飲んだりして、一緒に地下鉄で帰宅した」。二人は韓国社会の現実について、あれこれ話をした。「ポン先輩はほかの先輩に比べ内省的だったが、学科の学生会報の編集以外に、さしたる活動もしなかった」。こういう証言からすると、ポン・ジュノを元「運動圏学生」（政治活動に熱心な学生）と呼ぶには、無理がある。せいぜいノンポリ学生に、毛が生えた程度だ。

それでも芸術的活動には、現在の活躍ぶりの片鱗を見せた。学科の学生会室の壁に、ポン・ジュノは右手を振り上げてスローガンを叫ぶ「闘争する労働者」の姿を描いた。彼は子供の頃から、絵やマンガを描くのが得意だった。少し酒に酔っていたというから、いたずら描きに近いが、その絵は卒業後も講義室に変更された壁に残っていたという。

大学と「86世代」

ポン・ジュノが延世大学に入学したのは、ソウル五輪が開催された1988年である。いわゆる「86世代」の一人だ。

1960年代に生まれ、1980年代に大学に入学した世代を、韓国では「86世代」と呼ぶ。1980年代に大学生活を過ごした左傾化世代だ。彼らは韓国の民主化活動を主導したが、今や50歳代になり、既成世代化した。

左派的性向の強い86世代の映画監督としては、『JSA』(2000)のパク・チャヌク(1963年生まれ)が代表格である。日本語に翻訳紹介されている韓国の人文社会学系の研究書も、この世代の左派傾向が強い。

ポン・ジュノは1969年生まれだから、正確には「86世代の最終走者」と呼ぶべき存在である。本人も「86世代」と呼ばれることを好まない。後述するように、「韓国の第一次オタク世代」との呼称も併せて使用するのが正解だ。

1988年はテレビドラマ『恋のスケッチ ~応答せよ1988~』(2015)の初回に描かれたソウル五輪の年である。民主化闘争(1987)の季節が終わり、元祖ダンシング・クィーンの金完宣《キムワンソン》がテレビの音楽番組を席巻していた。

1988年はポン・ジュノの家族にとっても、重要な年になった。

朝鮮戦争時に平壌《ピョンヤン》に向かった「越北作家」の作品が順次解禁されたからだ。盧泰愚《ノテウ》大統領による1988年の「7・7民主化宣言」の後続措置である。ゴーリキーなど日本植民地時代には読めた社会主義作家の小説も、長い間タブーだったのだ。ポン・ジュノの母方の祖父である朴泰遠の作品も解禁された。これ以降、越北作家・朴泰遠のモダニズム小説が教科書に掲載されるようになる。

ポン・ジュノが社会学科を選択したのは、映画監督になるための回り道だ。映画学科のある大学に進学しなかったのは、映画監督になるためにも、大学では「人文学や社会学を勉強しながら映画サークルに取り組んだほうが良いと思った」からだという。

1980年代の韓国映画界は、ニューウェイブが台頭した時期である。代表作が李長鎬《イジャンホ》監督『風吹く良き日』（1980）と裵昶浩《ペチャンホ》監督『鯨とり　コレサニャン』（1984）だ。裵昶浩はポン・ジュノと同じ大邱出身であり、『風吹く良き日』の助監督を務めた。

前者は田舎からソウルに出てきた若者3人のリアルな現実を描いた。安聖基《アンソンギ》が中華料理店の出前持ちを演じた。後者はインテリ乞食（安聖基）と学生が失語症の娼婦（李美淑《イミスク》）を故郷の島に送り届けるロードムービーの傑作である。

ポン・ジュノはこれらの映画をビデオで見ながら、映画監督への道を目指した。

映画サークルの青春

大学入学後、ポン・ジュノは多くの20歳代の青年と同様に、軍隊に行った。除隊すると、映画サークル「黄色い門《ノーランムン》」の活動に熱中した。

サークル事務所は、延世大学がある新村の隣街にある弘益《ホンイク》大学正門を通り過ぎた路地にあった。1階に映画カフェ「16㎜」があり、2階に「黄色い門」があった。ポン・ジュノはすでに映画サークルの講師役であった。

週2回のセミナーを開いた。D・W・グリフィス監督『国民の創生』（1915）、ヴィクター・フレミング監督『オズの魔法使』（1939）、アルフレッド・ヒッチコック監督『北北西に進路を取れ』（1959）のような古典映画を上映し、映画理論と映画史を解説した。

第1章で言及した初の短編映画『白色人《ベクセギン》』（1993）は、映画サークル時代の作品だ。16ミリフィルムで撮影した。妻のチョン・ソンヨンに初めて会ったのも、この時代である。『白色人』はポン・ジュノの特質が現れた作品だ。奇妙な男の二重性。貧困街と高層アパート群、ロープに吊るされた洗濯物、夕陽……。ポン・ジュノの映画に登場するアイテムが初作品に見られることに驚く。彼自身が自称する「変態性」を露呈した作品でもある。

日本で発売されたDVD『ポン・ジュノ　アーリーワークス』に収録されている。

実はポン・ジュノは『白色人』に先駆けて、アニメーション作品『ルッキング・フォー・パラダイス』を製作している。ゴリラが主人公の人形劇だが、「人形をいちいち動かすので時間がかかり、とても大変だった」と述懐している。作品の詳細は明らかでないが、ポン・ジュノの初映画がアニメだったことは、彼が「韓国マンガ第一世代」の申し子である点を考えれば、特筆してよいことだろう。

ポン・ジュノの大学生活は、映画サークル活動が中心だった。卒業論文は、映画サークルで研究した「第三世界の映画と政治イデオロギー」を社会学的観点から書いた。

第一次オタク世代

日本の映画関連メディアでは、ポン・ジュノを「86世代」として扱うことが恒例になってきたが、こういう分類は単視眼的だと思われる。

ポン・ジュノの政治意識は、京郷新聞に勤める大学後輩が指摘するように、「運動圏」の周辺にいた一般学生の水準である。もちろん1988年に入学した「86世代の最終走者」として、当時の政治的熱気も十分に吸収したが、映画監督としての資質を養成したのは、１９７０年代から韓国で受容されていたマンガを中心とする「オタク文化」である。より正確な表現は、「第一次オタク世代」「８６世代」の複合世代であると言うべきか。一つの色で1世代を性格付けするのが、そもそも無理なのだ。

ポン・ジュノと映画アカデミーで同期だったチャン・ジュナン監督が『１９８７、ある闘いの真実』（２０１７）で描写したように、１９８７年の民主化闘争で死んだ延世大生の李韓烈《イハンヨル》はマンガ同好会の会員だった。どんな学生も警察の催涙弾の直撃を受けて死ぬ可能性があった時代なのである。

幼児期から大学時代までポン・ジュノに一貫した性癖は、映画とマンガに対する執着である。先に紹介した犬童一心との対談（２００６年）で、彼はマンガについて次のように語った。

「僕はマンガを自分で描いていました。『宇宙王子ゴラマン』というドラえもんを真似た主人公が出てくるマンガを描いたこともありました（笑）。一時はマンガ家になりたいと思った」

大学時代は延世大学の学内新聞に4コママンガを連載した。

「幼い時、ほぼ全部のジャンルのマンガを読んだ。どれだけ読んでも終わりがない『ガラスの仮面』(美内すずえの少女マンガ)、豊かな感受性に富む『バビル2世』(横山光輝)、奇抜なSF『ドラえもん』(藤子・F・不二雄)とかね。マンガが僕の映画にどんな影響を与えているかわからないが、マンガがとても好きでした」

「浦沢直樹のマンガは、場面演出がとても映画的だ。彼のマンガを映画化するのは大変だ」


とも言っている。

ポン・ジュノは浦沢直樹(『20世紀少年』ほか)と対談するほど、熱狂的なファンである。

浦沢との対談(2006年7月「ぴあ独占対談」)では、次のように述べている。


「『ほえる犬は噛まない』のシナリオを書いてるときは、『HAPPY!』を片手に持って、読みながらシナリオを書いてました。前回の『殺人の追憶』のときは『MONSTER』を読んでいましたし、今作『グエムル／漢江〈ハンガン〉の怪物』は『20世紀少年』を片手にシナリオを書いていました」

『ユリイカ』（2010年5月号）の渡邉大輔（映画批評家）との対談では、古谷実の名も挙げている。

「古谷実さんも好きですね。『僕といっしょ』『行け！稲中卓球部』、『ヒミズ』など大変感銘をもって読みました。彼のとても個性的な絵柄が好きなのと、彼の作品には多く、若くて貧しいルーザーが登場し、彼らが非常にいきいきと描かれていると同時にその悲哀も見事に描かれている」

韓国のマンガ史研究者である宣政佑《ソンジョンウ》（出版企画社代表）は、ポン・ジュノを「韓国最初のオタク世代」の代表選手とみなしている（『ユリイカ』2010年5月号）。

「わたしは変態である」というアイデンティティ

ポン・ジュノ自身が渡邉大輔との対談で、こう述べている。

「わたしの場合、言ってみれば、社会的関心云々の前に、『わたしは変態である』というアイデンティティがあるんですね（笑）」。彼は「386世代という分け方があまり好きではない」とも言っている。この重要な自己認識を見逃すべきでない。ポン・ジュノは前述の浦沢直樹との対談（前述同）では、少年時代の自分について次のようにも述べている。

「漫画を描いたりとか、びんの中でゴキブリを飼ったりとかしてました（笑）。あと、嫌いな先生がいて、どうしたら完全犯罪で殺せるか考えて、物語にしていて。でも、書いてるうちに結局最後は、ばれてしまうっていうストーリーになってしまったりとか（笑）。実際はその先生には好かれてたんですけどね」

映画監督の来歴は、まず文化史の脈絡で語るべきである。政治的な意味の「86世代」は、曺國《チョグク》元法相（1965年生まれ）の例で明らかな通り、すでに既得権層として若者世代から多くの批判を浴び始めている。2020年4月の総選挙では、1980年前後に生まれた30、40歳代の政治意識が、韓国政治を左右する要因としてより重要になってきた。

第一次オタク世代を生んだ韓国の文化状況はどうだったのか。

宣政佑によれば、日本のアニメが韓国に初めて輸入されたのは、1960年代末頃である。韓国最初の民営テレビ放送局『東洋放送』から放映された『黄金バット』『妖怪人間ベム』を嚆矢《こうし》とする。重要なのは日本のマンガやアニメだけでなく、ポン・ジュノも見ていた在韓米軍放送AFKN（アメリカン・フォース・コリア・ネットワーク）を通じて、米国映画や米国のテレビ番組が韓国家庭に流入したことだ。ブルース・リーやジャッキー・チェンに代表される香港のカンフー映画や武俠小説も韓国で人気があった。

朴正熙《パクチョンヒ》大統領の「開発独裁」時代にも、韓国の若い世代は外国文化を受容し始めていた。

それは「漢江の奇跡」が韓国の中間層を拡大し、1987年の民主化闘争を準備した事実と同じような脈絡で捉えることができる。

ポン・ジュノは東京工芸大学で行われたイベント（2007年11月）で「韓国社会にとても興味を持っています。韓国社会は不思議なものだし、どうすれば理解できるか、いつも考えています」「私は映画自体が与えてくれる衝動に非常に興味を持っています」と述べている。

韓国映画界の梁山泊「国立映画アカデミー」

大学を卒業したポン・ジュノは、国立韓国映画アカデミーに進学した。

映画アカデミーは、のちに韓国映画界で活躍する異才が集まった梁山泊である。イム・

サンス（『浮気な家族』2003ほか）、ホ・ジノ（『八月のクリスマス』1998ほか）、イ・ジェヨン（『スキャンダル』2003ほか）、チャン・ジュナン（『1987、ある闘いの真実』2017ほか）など有能な監督を輩出した。

1984年に韓国映画振興公社の付属機関として開設された映画アカデミーは、専門的な映画人養成のための機関である。開設時期が全斗煥《チョンドゥファン》政権時代であることに注意したい。韓国映画発展の源流が民主化（1987）以前にあるという事実だ。

映画アカデミーはアメリカのAFI（アメリカン・フィルム・インスティチュート）をモデルに作られた。当初は1年課程の映画専門教育機関だった。南山《ナムサン》の映画振興公社の建物内にあった。ポン・ジュノは11期生である。

2013年9月に韓国で出版された『映画のような時間』（未邦訳、イウム社）は、アカデミー卒業生らによる回顧本だ。この本はポン・ジュノの映画青年期を分析するために、きわめて重要だ。ポン・ジュノは冒頭の対談「最好的時候」で、チェ・ドンフン監督と往時を回顧した。チェは『タチャ　イカサマ師』（2006）などで知られる実力派監督である。1971年生まれ、ポン・ジュノの2歳年下の15期生だ。

二人の対談は1993年頃、西江《ソガン》大学映画共同体《コミュニケーションセンター》の話から始まる。そこでは映画のビデオテープを貸し出し、映画セミナーを開いていた。ポン・ジュノも、サークル事務所近くにあるこの施設をよく利用した。

「当時はシネマテーク（映画図書館）もなく、ＤＶＤもなかった。インターネットもなかった。誰かがビデオを複写して持っていると聞くと、そこまで行って借りてくる時代です」

当時、延世大学には「プロメテウス」という映画サークルがあった。ポン・ジュノはそこに参加せず、先輩が作ったサークル「黄色い門」に加入した。

ポン・ジュノにとって、映画アカデミー時代の日々は、いかなるものだったのか。

「映画アカデミーは僕の頃までは、学費免除だった」とポン・ジュノが言う。映画振興公社の優れた機材を使い、映画を撮影できた。「入学試験にはなぜか、英語のヒアリング試験があった」。ポン・ジュノら11期生たちの修学期間は1年間だけだった。「とにかく酒をよく飲んだ。54日間連続で飲んだ。当時が一番幸福だった」

私はその頃、毎日新聞ソウル特派員だった。南山の映画振興公社に時々出かけた。そこには試写室があり、時々、韓国映画の意欲作が外国人記者に公開されていた。ベトナム参戦兵士のトラウマを描いたチョン・ジヨン監督『ホワイト・バッジ』（１９９２）の試写はそこで見た。

ポン・ジュノも、もちろん、その試写室で多くの映画を見た。

「講義室の向こうに試写室があり、一階下に映画のセットもあった」。クエンティン・タランティーノ監督のギャングオムニバス映画『パルプ・フィクション』（１９９４）もそこで見た。「わあ、何だ、これ！　と強烈な衝撃を受けた」

映画アカデミーの同期生は13人しかいなかった。２人がケーブルＴＶ会社に入社し、中退した。ポン・ジュノは不安だった。「２人の送別会をしながら妙な気分だった。このまま映画アカデミーにいて、映画で飯が食えるかと」。実際、アカデミーを卒業した後、ポン・ジュノは極端な低収入時代を過ごす。

習作『支離滅裂』の直球勝負

短編映画『支離滅裂』（１９９４）は、映画アカデミー時代の実習作品である。ポン・ジュノ映画史で、もっと重視されていい習作だ。

三つの短編（エピソード）と一つの「エピローグ」から構成されている。

登場人物は、①女学生に妄想する成人雑誌愛読者の延世大学教授、②ジョギング途中で他家の牛乳を盗み飲む朝鮮日報論説委員、③泥酔して地下室の炊飯器に排便する西部地検部長検事。単純明快な社会上位層への風刺映画だ。エンディングに、この３人がテレビの『時事討論』番組に登場して、普段の奇行とは正反対に、社会モラルの荒廃を嘆く。ポン・

ジュノ特有のブラックな喜劇である。

エンディングのテレビ番組で3人の職名が具体的に明示されることで、「風刺の毒」が急激に高まる。

その風刺のレベルは、たとえ新聞漫画の水準を出ないとしても、韓国エリート層に対するポン・ジュノのストレートな皮肉が溢れた作品である。彼の最新作『パラサイト』における金持ちパク一家に対する穏やかな描き方とは、構造的に雲泥の差がある。

エピソード1「ゴキブリ」

主人公は心理学の教授である。木立に囲まれたキャンパスの階段を教授が上る。左の階段からは、学科の美女学生が上ってくる。後方を歩く教授は、思わず手を伸ばして、女学生の上着を脱がそうとする。いやいや、ただの妄想だ。研究室で教授は熱心にページをめくる。成人雑誌『PENTHOUSE』のヌードページだ。授業時間に気づき、あわてて教室に向かう。

ファシズム研究で知られる「アドルノ心理学」を講義する教授。資料を研究室に忘れてきたことに気づいた。「私が取ってきます」。先ほどの女学生が研究室に向かう。「あっ、あの雑誌を机の上に置いたままだ」。あわてて教授が彼女の後を追う。研究室に入ろうとする女学生。教授は手元の本をぽーんと投げ入れて、成人雑誌を隠す。あやうくセーフ。「ゴキブリがいたんでね」

たわいもない話だが、この現場はポン・ジュノの母校・延世大学キャンパスである。最近の同大学でのセクハラ騒ぎが思い出されて、今見てもおもしろい。でも、たかだか『PENTHOUSE』だ。あそこまであわてる時代だっただろうか。私は1990年代初め、ソウル郊外・果川《カチョン》の競馬場での出来事を思い出した。ソウル大学の教授に遭遇し、「絶対、口外しちゃだめだよ」と口止めされた。当時、競馬場は韓国エリート層の赴くべき場所ではなかったのだ。

エピソード2「路地の外で」

ジョギング中の中年男が、新聞配達に声をかける。「この牛乳を飲みなさい」。中年男は他人の家の玄関前に置かれた牛乳パックを勝手に飲む常習犯だ。感謝して牛乳を飲む新聞少年。その時、その家の奥さんが出てきた。「牛乳泥棒」となじられ、新聞を解約される。曲がりくねった路地で、新聞少年は何度も男に遭遇する。必死で逃げる中年男……。

中年男が逃げまくる複雑な路地は、『殺人の追憶』などポン・ジュノ映画の定番メニューだ。このエピソードでは、ジョギング中の「牛乳男」が朝鮮日報論説委員であったというオチがケッサクだ。1994年当時は、保守派新聞の代表格である朝鮮日報への批判は、今日ほどは台頭していなかった。朝鮮、東亜、中央の保守3紙をひとくくりにして、韓国左派が「朝東中《チョトンチュン》」と罵倒し始めたのは、今世紀に入ってからだ。

映画アカデミーの一学生だったとはいえ、この映画には当時から「ポン・ジュノの毒」が見られるのがおもしろい。毎日新聞ソウル支局は、提携社である朝鮮日報本社の社屋内にある。私は「牛乳泥棒」の同社論説委員こそ見なかったが、1980年代当時、韓国人記者と権力層との癒着を多々、垣間見てきた。いずれ韓国メディアの体験的研究書を書かねばなるまい。

エピソード3「苦痛の夜」

この第3話がもっとも強烈だ。料亭で後輩と痛飲し泥酔したエリート検事。便意をもよおしトイレを探すが、なかなか見つからない。公園の建物の横に座り込む。そこに現れた管理人に怒られる。「地下室でやれ。出たものは新聞紙で包んで捨てろ」。むっとする検事。「俺を誰だと思ってるんだ」。地下室にある電気炊飯器に目が留まる。やがてスッキリした表情で現れた検事は、新聞をビリビリと破り捨てた。電気炊飯器のクローズアップ……。

このエピソードでは泥酔した検事が、タクシーを拾おうとして「大峙洞《テチドン》!」と叫ぶ。当時の深夜の繁華街でよく見られた光景だ。大崎洞はすでに当時、江南の代表的なマンション住宅街だった。『グエムル　漢江《ハンガン》の怪物』（2006）の前に、「江南のクソ検事」が登場していたのが滑稽である。この地下室は『ほえる犬は噛まない』（2000）にも出てくる。ポン・ジュノが結婚するまで両親らと住んでいた松坡区内のアパートの地下室だという。

最後の「エピローグ」のテレビ番組は、KBS『時事討論』を連想させる。性風俗の乱れ、万引き、立ちション……。3人は韓国一般大衆の道徳観の乱れを、渋面を作りながら批判するのだ。だが、そのテレビ画面を寝そべって見る新聞少年は、出演者の一人が「牛乳男」だと気がつかない。歯を磨きながらテレビの教授を見つめる美女学生。テレビの検事があの夜の「排便男」だと警備員はわからない。

ポン・ジュノの歴代の映画の中でも、この映画アカデミー時代の実習映画『支離滅裂』が、最もストレートな批評精神に富んでいる。内容的には稚拙だが、延世大学、朝鮮日報、ソウル西部地検（麻浦区）という固有名詞を出してあてこすったのは、さすがの「変態ポン・ジュノ」である。

権力層の隠された実態と、それに気づかぬ庶民層。この映画に映し出されたポン・ジュノの韓国社会への批評精神は、きわめてシンプルであり率直であった。逆に言えば、『パラサイト』の現実描写はかなり複雑であり、立体的であり、25年前と比べると変貌しているということだ。この映画が「怪物ポン・ジュノ」の変態《メタモルフォーゼ》分析において重要である所以である。

ポン・ジュノを支えた夫人

『支離滅裂』は、韓国映画界の先輩であるパク・チャヌク監督との関係をも切り開いた。ある日、突然、パク・チャヌクから「『支離滅裂』を見た。僕の映画のために脚本を書いてくれないか」という電話があったのだ。

結果的には、この映画は成就することなく終わったが、この電話以降、パク・チャヌクはポン・ジュノの庇護者となり、彼の映画界デビューや世界進出を陰になり日向になり支援してきた。

1995年、ポン・ジュノはチョン・ソンヨンと結婚した。

延世大学の映画サークル「黄色い門」以来の付き合いである。彼女は映画アカデミー時代に監督した『支離滅裂』のスタッフでもあった。

チョン・ソンヨンは、映画『パラサイト』のストーリーとも関わりがある人物である。ポン・ジュノの学生時代、彼女は上流家庭で国語の家庭教師をしていて、ポン・ジュノに数学の家庭教師をするよう頼んだ。ポン・ジュノはこの時の経験から、上流家庭にアクセスする感覚を覚えた。

『支離滅裂』の第1エピソードで、大学教授の研究室のシーンがある。このロケ撮影の場所がなかなか見つからず、困っていた。その時、チョン・ソンヨンが探してきたのが、忠《チュン》武路《ムロ》の映画会社「シネワールド」の事務室だった。彼女は当時、この会社の幹部女性と交流があった。

ポン・ジュノ夫人である今、彼女の肩書はシナリオ作家と紹介される。

しかし、これらのエピソードが伝える彼女の姿は、実務的に有能なマネージャーのタイプである。彼女の年齢や親族関係は明らかでない。しかし「姉さん女房」的な印象があり、それは『ほえる犬は噛まない』の主人公の2歳年上の妻を連想させる。映画アカデミーを卒業後、助監督時代の1年10カ月間に彼が得た収入は、420万ウォン（約38万円）だったと言われる。その間の生活を彼女が支えたことになる。

「シネワールド」はイ・ジュニク監督（『王の男』2005ほか）が設立した映画製作会社だ。長編映画でのデビューを渇望していたポン・ジュノは1996年頃、「シネワールド」でシナリオを書き始めたが、この計画は途中で中止になった。結婚適齢期を過ぎた女性を主人公にしたロマンティック・コメディーだったという。

ポン・ジュノは映画アカデミー卒業後、『モーテルカクタス』（1997）、『幽霊』（1999）という2本の映画の脚本に参加した。

「専門的な脚本家を目指していたということではなく、結婚していましたし、家族のために生活費を稼がなくてはならないという現実的な理由がありました」

前述した東京工芸大学でのイベント（2007）での彼の発言は、額面通りに受け取っていいだろう。

カリスマ俳優チェ・ミンスが主演した反日映画『幽霊』では、映画アカデミー同期生のチャン・ジュナン（『1987、ある闘いの真実』2017ほか）とシナリオ競争をさせられた。「ウノ・フィルム」（のち「サイダース」）のチャ・スンジェ代表が、出来の良いほうのシナリオを採用するという試練を与えたのだ。

「食えなくても、GO！」

その頃にあったポン・ジュノ夫妻の会話が、韓国では有名だ。

ポン・ジュノは妻に向かって言った。「ここに貯めてきたカネがある。1年間ぐらいの生活費にはなるだろう。俺は1年間、オールイン（全力投入）して頑張る」。妻チョン・ソンヨンが答えた。「食えなくても、GO！」。頑張れ！　ということだ。いかにも姉さん女房的なセリフである。

これは韓国MBCテレビの特別番組で、ポン・ジュノ自身が明かした秘話である。話が出来すぎだが、いったん信じておこう。

この時代のポン・ジュノは、人生最大の苦難期にある。

ポン・ジュノは結婚式の情報を聞くと、会場に出かけてカメラを回した。結婚式の記録映画製作のアルバイトに励んだのだ。「僕が撮影・監督・編集した結婚式映画がたくさん残っているはずですよ」と言う。

さて、映画『幽霊』の脚本競争の結果は、どうなったのか。ポン・ジュノの敗北だったのである。しかし、脚本にポン・ジュノの名前もあることから、最終的には合作になったようでもある。

この映画は、韓国潜水艦が日本に核攻撃を加えるという内容だ。この点を前述の東京工芸大学のイベントで聞かれたポン・ジュノは、「セリフの中に『我々韓国人の５００年の恨みがお前にわかるか』っていうのがあって、びっくりした」と答えている。真相は不明だが、この頃からこういったニュータイプの反日映画が韓国映画界には登場し始めている。

ポン・ジュノはその後、チャ・スンジェとともに、長編デビュー作『ほえる犬は噛まない』（原題『フランダースの犬』）の準備を進めることになる。チャ・スンジェは、若手監督の養成術にとても長けていた。彼はのちに映画教育の名門・東国大学大学院院長として後進の指導にあたった。

この長編映画に投資する会社は、なかなか見つからなかった。『韓国日報』の映画担当ラ・ジェギ記者の記事によれば、チャは忠武路でよく知られたカン・ウソク監督に助力を求めた。カン・ウソクは、国民的俳優の安聖基《アンソンギ》とパク・チュンフンが持ち味を発揮した刑事映画『ツー・コップス』（１９９３）など娯楽映画のヒットメーカー監督だが、この頃は映画製作・配給会社「シネマ・サービス」の代表としてのパワフルな面貌が目立っていた。のちに彼は監督した『シルミド』（２００３）でも大ヒットを飛ばす。

チャ代表はキム・テギュン監督『火山高』（２００１）とポン・ジュノ『ほえる犬は噛まない』を「ワンセットにして投資してほしい」と頼んだ。採算が見込める学園暴力映画とポン・ジュノの長編デビュー作を一括販売したのである。これに対して、カン・ウソクは「シナリオを読むこともなく、その場で投資を決定した」（『韓国日報』２０１２年２月

14日）という。これも出来すぎた話のように思えるが、人脈と勘を重視する豪腕カン・ウソクらしい逸話でもある。

チャ・スンジェによれば、カン・ウソクの投資額は、現在の金額で２００億ウォン（18億円）ほどだった。彼は「カン・ウソク氏は、ポン・ジュノが映画デビューする重要な一翼を担った」と当時を回顧する。若き日のポン・ジュノを育てたチャ・スンジェは『八月のクリスマス』（１９９８）、『殺人の追憶』（２００３）など多くの名作を製作した。

待望のデビュー作『ほえる犬は噛まない』は、２０００年２月19日に封切られた。だが、興行収入は12億ウォン（1億８０００万円）にとどまり、惨敗した。カン・ウソクの賭けは失敗したことになる。

『ほえる犬』の夫婦生活

『ほえる犬は噛まない』は、私には最も愛着がわくポン・ジュノ作品だ。しかし、製作会社がつけたタイトルが悪い。さらにポン・ジュノ本人が反省しているように、二つの物語（犬の捜索談と大学講師の出世話）が混在しており、観客を混乱させたのが敗因である。

だが、ハッピーエンドでもバッドエンドでもない結末は、ポン・ジュノらしいほろ苦い余韻がある。

年上の女房に頭の上がらない大学非常勤講師（イ・ソンジェ）、ドジでけなげな管理事務所の女子職員（ペ・ドゥナ）、子犬を飼う老女、犬料理好きの警備員、売店の太った女……。この映画の出演者は、いずれも魅力的なキャラクターぞろいだ。

とりわけ警備員役のピョン・ヒボンによる「ボイラー・キム氏」の怪演は、韓国映画史上でも歴史に残る名場面である。

この映画は『グエムル　漢江の怪物』『パラサイト』とともに、ポン・ジュノの都市映画3部作の最初の作品である。ポン・ジュノが初めて撮った長編映画デビュー作品であり、彼のプリミティブな良さが表出した。

映画は三つのアパートで撮影された。1990年代後半の住宅環境が、きわめて良く写し取られた映画である。

部屋から木立が見えるアパートは、ソウル郊外の城南市《ソンナム》にある「新興住公アパート」だ。警備員が犬鍋を料理する地下室が撮影されたのは、ポン・ジュノが結婚前に両親と一緒に住んでいた松坡区芳荑洞《バンイドン》の「大林アパート」である。管理事務所の撮影もここで行われた。

3番目はポン・ジュノが結婚後に3年間住んでいた松坡区文井洞《ムンジョンドン》の「市営アパート」で

ある。イ・ソンジェとペ・ドゥナの追いかけっこや、室内部分はここで撮影された。大林アパートとは5キロと離れていない。

蚕室―芳荑洞―文井洞。大邱からソウルに上京後のポン・ジュノの住居は、いずれも松坡区内にある。現在の瑞草区方背洞の超高級マンションに至るまで、彼の住居は父母の住居に近い江南3区周辺にあったようだ。

ポン・ジュノの映画の根底には、卓抜した想像力の源泉として個人的な体験がある。それをもとに創出された映画作品群なのである。映画『ほえる犬は噛まない』は、結婚後のポン・ジュノ夫妻の暮らしぶりがうかがえる意味でも、きわめて貴重である。

主人公の夫婦は共働き（夫は大学講師、妻は銀行員）であり、妻は妊娠中だ。結婚後のポン・ジュノ夫妻の状況に酷似している。アパート室内の撮影は、ポン・ジュノが住んでいた文井洞市営アパートの居室4カ所で行われた。将来への不安、夫婦間のいらだち、アパート暮らしの陰影。若い二人の暮らしぶりが、ポン・ジュノ夫妻の当時の生活ぶりを容易に連想させる。

作品である。

韓国犯罪映画《コリアンノアール》の源流となった『殺人の追憶』

『殺人の追憶』（2003）は、ポン・ジュノが長編映画2作目にして、本領を発揮した作品である。

実話をもとにした映画だ。1986年から1991年にかけて京畿道《キョンギ》華城郡《ファソン》（現在の華城市）の農村地帯で、10代から70代まで10人の女性が被害にあった連続強姦殺人事件がモデルである。

当時、毎日新聞ソウル特派員だった私は、この事件が韓国紙に大々的に報道されていたのを記憶している。ポン・ジュノはこの事件を舞台化したキム・グァンリムの戯曲『私に会いに来て』（1996）を原作に、映画化した。

戯曲『私に会いに来て』は、どういうものだったのか。

1996年にソウルの演劇街・大学路《テーハンノ》の文芸会館小劇場（現アルコ芸術劇場小劇場）で初演された。タイトルの『私に会いに来て』とは、事件当時流行していた歌謡曲の題名だという。主人公は、猟奇殺人の捜査のためソウルから地元の警察署に派遣されてきた若手刑事。捜査の行方とともに、残虐な犯人を追う主人公をとりまく記者や捜査本部の人間関係を描いた「ヒューマン・ミステリー」である。

同年の「百想芸術大賞」で、戯曲賞と新人男優賞を受賞した。日本でも藤田玲の主演で舞台化され、DVD『私に会いに来て』が2020年2月に発売された。

『殺人の追憶』は当時の社会相への目配りが広範である。ポン・ジュノ好みの「テレビ画面で時代を見せる演出」がふんだんであり、1986年の富川《プチョン》警察署性拷問事件（連行した女子学生に性的拷問を加えた事件。被害者のソウル大生は2020年の総選挙で初当選した）など、公安警察優先で乱暴きわまる捜査が見られた当時の韓国警察の暗部が、頻繁に画面に顔を出す。

この映画はポン・ジュノ作品の中では、もっとも社会性に富んだものであり、時代を再構成して記録した映像作品の傑作である。

ポン・ジュノは演出に当たり、今村昌平監督『復讐するは我にあり』（1979）を何度も見て参照したと語ってきた。今村の作品は東京五輪前の1963～1964年に起きた5人連続殺害の西口彰事件がモデルだ。原作は佐木隆三の同名小説（1975）である。『殺人の追憶』は、ソウル五輪前後の社会激動期が舞台である。時代の転換期に、日韓両国はともに猟奇的な連続殺人事件があったということだ。

『殺人の追憶』のエンディングは2003年の事件現場である。刑事を辞め営業マンになった男（ソン・ガンホ）が、事件から約15年後に田んぼの中で少女に出会う。彼女が「この前も、どこかのおじさんが来ていたよ」と言う。驚いたソン・ガンホの顔が大写しになり、犯人が逮捕されないまま犯罪映画が終わる、という異例のエンディングだった。

華城連続強姦殺人事件の真犯人は2019年9月、韓国警察のDNA鑑定によって、事件発生から33年ぶりに特定された。1994年に義妹の強姦殺人事件で逮捕され、無期懲役刑で受刑中の56歳の男だった。女性14人殺害、強姦30件余を自白したが、すでに2006年に時効を迎えていた。

ポン・ジュノの映画の中で、私は『殺人の追憶』をベストワンと評価している。韓国の時代相とポン・ジュノの作家性が激しく火花をちらした作品だからだ。『殺人の追憶』は、その後の韓国犯罪映画《コリアンノアール》の源流となった。

「自殺を考えた」怪物映画

『殺人の追憶』（2003）後の長編監督作品『グエムル　漢江の怪物』（2006）については、その「寄生の構造」を第1章で記述した。『パサイト』（2019）と対比的に考察すべき映画である。ここでは別の逸話を紹介する。

『グエムル　漢江の怪物』は、クランクイン直前まで米国の技術提携会社と予算面の折衝が難航した。製作中止の局面にまで追い込まれていたという。ポン・ジュノが韓国MBCテレビの特別番組で「一時は自殺まで考えた」と明かしている。それはインタビュアーが「自殺⁉」と驚愕の声を上げるほど、衝撃的な発言だった。

『殺人の追憶』でメジャー監督の仲間入りをしたポン・ジュノだが、『グエムル　漢江の怪物』の大ヒット（韓国観客動員数1302万人）に至るまでの道程は、決して生易しいものではなかったのである。

もう一つのパラサイト映画

『母なる証明』（2009）は、それまでとは異質な映画だ。

もう一つのパラサイト（寄生）映画だと言ってもよい。その前作『グエムル　漢江の怪物』が、米韓のパラサイト関係を象徴していたことは、第1章ですでに述べた。

『母なる証明』では、母親（キム・ヘジャ）が宿主《ホスト》であり、一人息子（ウォンビン）は自立できない「パラサイト・シングル」（山田昌弘・中央大学教授の造語）である。母親は、立ち小便する息子の男性器を覗き込むほど溺愛しており、息子が殺人事件の「犯人」であることを隠蔽する女性である。

『母なる証明』（© 2009 CJ ENTERTAINMENT INC. & BARUNSON CO.,LTD.ALL RIGHT RESERVED）

この映画は、前3長編『ほえる犬は噛まない』『殺人の追憶』『グエムル　漢江の怪物』とは違い、社会的背景ができるだけ遠景に遠ざけられ「母子のパラサイト（寄生）映画」として構築された。映画の舞台が韓国のどこであるのかは、明示されていない。しかし、そういった映画にあっても、背景となった韓国の社会性はおのずから立ち現れる。

意図的に明示されないものの、この映画の舞台は2000年代中盤の韓国江原道《カンウォンド》である、と言ってよい。映画のノベライズ小説（原案ポン・ジュノ）の舞台は、まさしく「江原道の山間にある小さな町」であり、主演のウォンビンの出身地が江原道旌善《チョンソン》郡余糧面《ヨリャンメン》である。旌善郡は民謡「旌善アリラン」で知られる高原地帯である。

ウォンビンにとって『母なる証明』は、兵役と負傷（左膝十字靱帯部分断裂）から3年ぶりのカムバック作品だった。

出演交渉のため彼と初めて会ったポン・ジュノは、「どこか〝田舎の人〟という印象を受けました。地方都市の小さな町に住む人たちの情緒や雰囲気も分かっていましたね」（映画の日本公開時パンフレット）と語っている。ポン・ジュノによれば、この映画のウォンビンは「母親の感情を爆発させることができる、銃でいえば引き金の役割を果たす人物」である。ウォンビンは、それにふさわしい俳優だった。

貧困映画としての『母なる証明』

この映画をめぐる日本での批評は、「母と息子」にフォーカスされてきた。だが、同時に重要なのは、サイドストーリーだ。殺害される女子高校生の売春をめぐる物語である。

老婆と二人暮らしの女子高校生は、老婆との生活のために売春する。彼女のお客は、映画に登場する地元知名士たちである。地域社会において、彼らと女子高校生は性の収奪（寄生）関係にある。その場面がスクリーンに明示されなくても、容易に想像できる事柄だ。

そこに江原道の「貧困」が表出していた。

韓国において、江原道は貧困地域の代名詞だった。この映画は、経済開発から落伍した江原道の社会相を雄弁に照射していた。

江原道民の気質は「岩下老仏《アムハノプル》」（岩の下に座す老いた仏様）と表現される。山が多いので「カムジャバウィ」（ジャガイモの岩）と形容されてきた。2019年、韓国首相の李洛淵《イナギョン》（当時）は江原道で大規模火災が起きた際、「貧しく災害が多い地域」と述べ、地元民から反発を買った。

『母なる証明』におけるポン・ジュノの本意が「母子関係」にあったのは間違いないが、そこに映し出された映像からは、地域社会の別の真相をうかがい知ることができたのである。

『母なる証明』は、貧困農村における二重、三重のパラサイト（寄生）関係の映画であり、売春する女子高校生が老婆や弁護士らの「宿主」であるという複雑な構造を持っていたことを強調しておきたい。

韓国紙『中央日報』（2019年1月30日）によると、韓国極貧層の4割は祖父母世代からの貧困層であると認識しているという。ソウルの「地域自活センター」の登録者など130人に対する対面調査の結果だ。2003年の同紙調査でも、貧困層の世代間連鎖比率は59・7％だった。

その実例として、同日の記事が報道したソウル南大門付近で暮らす男性Cも、江原道出身者であった。Cは次のように語った。

「祖父は江原道で小規模な農作業をしていた。母親は子供の頃、家出を繰り返していた。小学校を卒業し14歳で上京し、縫製工場で働いた。16歳の時に父親を亡くした。船員、廃品回収業、ポンプ工場、建設現場などを転々とした」

3世代にわたる貧困について語ったCは、「42年間、貧困から抜け出す機会がなかった。学んだこともなく、資金もなく、頼れる人もいなかった。2007年から南大門付近の古い部屋で暮らしている。2008年に暴力事件にかかわってからは、監房を行き来している」と述べている。

ふるわなかった米国進出作『スノーピアサー』

私がポン・ジュノの記者会見に初めて同席したのは、2011年10月10日だ。

釜山国際映画祭に出かけて、ポン・ジュノ『グエムル　漢江の怪物』の3D版上映の記者会見に遭遇した。ポン・ジュノは当時、撮影中だった『スノーピアサー』（原題『雪国《ソルグク》列車《ヨルチャ》』2013)で、製作者の一人だった先輩監督のパク・チャヌクから「3D映画化の話があったが辞退した」と話していた。

『スノーピアサー』は第33回韓国映画評論家協会賞で監督賞、最優秀作品賞を受賞した。その授賞式(2013年11月29日)ではポン・ジュノと話す機会があった。私は当時日韓次世代映画祭(大分県別府市)のディレクターを務めていた。この映画祭を同協会が後援しており、その縁で出席していたのだ。ポン・ジュノは気さくに応じてくれて、私は同行した教え子たちのために記念写真のシャッターを押した。

『スノーピアサー』は韓国・米国・フランス合作のSFアクション映画だ。原作はフランスのグラフィックノベル(大人対象の長編コミック)である。

しかし『スノーピアサー』の評価はさして高くなかった。米ハリウッド進出の第1作だったが、弾丸列車の最後尾にいる最下層が前方車両の富裕層を攻撃し、列車の奪取を試みるという展開は、あまりにも陳腐だった。この映画での富裕層の描き方は類型的である。映画的アクションの醍醐味も、ほぼ前半部で出尽くしていた。海外映画祭での受賞はボストン映画批評家協会最優秀監督賞、ローマ国際映画祭監督賞などにとどまった。

パク・チャヌク監督はのちに『スノーピアサー』の撮影当時、ポン・ジュノは「疲労困《こん》憊《ぱい》していた」と証言している。ポン・ジュノは大規模予算が投下された外国での撮影に、

毎日新聞出版　愛読者カード

本書の
タイトル「　　　　　　　　　　」

●この本を何でお知りになりましたか。

1. 書店店頭で　　　　2. ネット書店で

3. 広告を見て（新聞／雑誌名　　　　　　　　　　）

4. 書評を見て（新聞／雑誌名　　　　　　　　　　）

5. 人にすすめられて　　6. テレビ／ラジオで（　　　　　　）

7. その他（　　　　　　　　　　）

●どこでご購入されましたか。

●ご感想・ご意見など。

上記のご感想・ご意見を宣伝に使わせてくださいますか？

1. 可　　　2. 不可　　　3. 匿名なら可

職業	性別	年齢	ご協力、ありがとうございました
	男　女	歳	

郵 便 は が き

料金受取人払郵便

麹町局承認

1763

差出有効期間
2022年1月31日
まで

切手はいりません

1 0 2-8 7 9 0

2 0 9

(受取人)
東京都千代田区
九段南 1-6-17

毎日新聞出版

営業本部　営業部行

ふりがな	
お名前	
郵便番号	
ご住所	
電話番号	(　　　　　)
メールアドレス	

ご購入いただきありがとうございます。

必要事項をご記入のうえ、ご投函ください。皆様からお預かりした個人情報は、小社の今後の出版活動の参考にさせていただきます。それ以外の目的で利用することはありません。

「世界進出」の壁を実感したようだ。

ポン・ジュノにおける「世界化の代償」

続く監督作品は、Ｎｅｔｆｌｉｘオリジナル映画『オクジャ』（２０１７）だ。ブラッド・ピットの「プランＢエンターテインメント」との共同製作。巨大豚オクジャの奪還を目指す韓国の少女がテロ組織に巻き込まれ、ニューヨークで米国大資本と対決するアクション・アドベンチャーである。映画の社会的背景として「遺伝子組み換え」「動物虐待」を焦点化した映画だ。巨大豚を製造する米大企業と動物保護団体の闘争が繰り広げられる。

この映画は『スノーピアサー』とは対照的にハッピーエンドの展開だったが、ポン・ジュノ作品特有の後味の悪さは相変わらずだった。映画展開のキーワードが「翻訳とビジネス」である。少女はオクジャを取り戻すために英語を使い、祖父からもらった「純金製の豚」を差し出す。これを大企業側が受け取って取引が成立する展開は、まことにあっけなかった。

韓国で「金の豚」は、招福や安産などの縁起物である。ソウルのお土産店街・仁寺洞《インサドン》でも売っている。映画のキーワードは「英語」「米国資本」という現代資本主義の実情を連想させた。米アカデミー賞受賞作品『パラサイト』（寄生虫）誕生直前の映画タイトルが『玉子《オクジャ》』だったのは、意味深長であると言うべきか。

『オクジャ』と同様に、Ｎｅｔｆｌｉｘオリジナル映画として製作されたアルフォンソ・キュアロン監督『ＲＯＭＡ／ローマ』（２０１８）は、『オクジャ』より優れている。

米アカデミー賞では作品賞など10部門でノミネートされたが、結果的には監督賞、撮影賞、外国語映画賞にとどまった。しかし、１９７０年代に起きたメキシコ人の苦闘を描いたこの自伝的映画は、翌年のアカデミー賞作品賞『パラサイト』（２０１９）をしのぐ質的内容があり、時代と民族、人生をリアルに感じさせた。

ポン・ジュノの最近作には、魂を揺さぶられるものがなくなりつつある。

韓国のインターネットサイト「ＮＡＶＥＲ」における映画観客の評価点は、『スノーピアサー』7・98点、『オクジャ』8・77点にとどまった。欧米の映画界を制圧した『パラサイト』も、第1章で書いた通り、『殺人の追憶』『母なる証明』より、韓国民の評価点数は落ちる。

『パラサイト』は韓国の現実社会をリアルに描写したものではない。それは韓国の「格差社会」を戯画化した暗喩だらけの悲喜劇である。これがポン・ジュノにおける「世界化の代償」なのかもしれない、と私は危惧している。時流に乗って語る映画評論家たちが、「韓国的個性の世界化」などと言うほどに、簡単なものではない。

ブラックリストと韓国映画

本章の最後に、いわゆる「ブラックリスト問題」を検証しておきたい。

ポン・ジュノは、その政治的言動が常に注目されてきた韓国映画人だ。彼は李明博《イミョンバク》や朴槿恵《パククネ》などの保守派政権によって「文化芸術界のブラックリスト」に記載された。しかし、その一方で彼は左翼政党の党員だった時期があり、党の宣伝に利用されたこともある。

文在寅《ムンジェイン》政権になって明らかになった国家情報院（韓国の公安機関）作成の文書によると、ポン・ジュノ監督の作品は以下のように断罪された。

『殺人の追憶』（2003）「公務員と警察を不正集団として描写」

『グエムル　漢江の怪物』（2006）「反米意識と政府の無能さを表現し、国民意識を左傾化させた」

『スノーピアサー』（2013）「市場経済を否定し抵抗運動を煽る」

とみなされたのである。なんとも馬鹿げた「映画評」である。公安機関の知的低水準ぶりを露呈しているが、これはまた、韓国政治文化と韓国映画の危うさを示す指標とも見ることができる。韓国映画は常に政治的視線にさらされており、保守派の映画が話題を集めると、進歩派の政党やメディアから攻撃を受ける。それが韓国映画を取り巻く国内政治状況だ。

李明博政権時代の「文化人ブラックリスト」には俳優、作家を含む82人が記載され、映画監督はポン・ジュノやパク・チャヌクのほか、イ・チャンドン（『オアシス』2002ほか）、チャン・ジュナン（『1987、あるいは闘いの真実』2017ほか）など52人だった。

民労党と進歩政党

一方、ポン・ジュノのメールが、左翼政党のプレスリリースに登場したこともある。彼自身も、左翼的政治志向を隠すことはなかった。

2012年3月、チェコ滞在中のポン・ジュノが「進歩新党」の知人に送った「カカオトーク」（韓国で主流のメッセージアプリ）の文面が、同党によって公開された。

当時、彼は『スノーピアサー』撮影のためチェコに滞在していたが、総選挙中の韓国情勢を気にかけ「進歩新党」党員に問い合わせた上で、「チェコの韓国大使館で進歩新党の候補者に在外投票する」と知らせてきたのである。ポン・ジュノが「進歩新党」の党員（ソウル特別市衿川《クムチョン》区所属）であることは、同党や韓国メディアを通じて流布されていた。「進歩新党」は、「民主労働党」の系譜を引く左翼政党である。ポン・ジュノは「民主労働党」当時からの党員だった。

「民主労働党」は、戦闘的労働運動を標榜する「全国民主労働組合総連盟」（民主労総）を支持母体とする。党の理想を「社会主義を継承した新しい解放共同体」とする革新政党だ。２００５年、北朝鮮訪問の際、国立墓地にあたる愛国烈士陵（平壌《ピョンヤン》）の芳名録に代表者が「あなた方の愛国心を末永く心に刻む」と記すなど、物議をかもしてきた。翌年に起きた一心会事件（８６世代の元学生運動家によるスパイ事件）では、同党の一部幹部が逮捕され、党分裂の原因ともなった。

ポン・ジュノ監督や先輩格のパク・チャヌク監督ら韓国映画人２２６人は、２００４年4月、第17代国会議員選挙を前に「歴史に勝利する側に立つ」とする民労党支持宣言を発表した。同党は親北朝鮮路線の「自主派」（ＮＬ派＝National Liberation）と、国内活動に力点を置く「平等派」（ＰＤ派＝People's Democracy）からなる政党だった。「ＰＤ派」は２００８年に一心会関係者の除名を要求したが、これに失敗すると脱党し、「進歩新党」

の結成に動いた。

ポン・ジュノは「民主労働党」を脱退して「進歩新党」に加入した。同様な動きを見せた映画人には監督のパク・チャヌク、女優のムン・ソリなどがいる。第1章で言及した韓国籍のロシア人パク・ノジャ（オスロ大学教授）や、曺國《チョグク》元法相ら文在寅政権幹部に激しい批判を加えた著名な元大学教授チン・ジュングォンも当時、そのような行動を取った人物である（いずれも韓国版ウィキペディアに準拠）。

「ブラックリスト」問題で、もっとも公平な批評を加えたのは、その一人であるチン・ジュングォンである。ポン・ジュノが米アカデミー賞4冠に輝くと、韓国の内部事情に詳しい彼のフェイスブックが注目された。チン自身も「ブラックリスト」に搭載された人物である。

チン・ジュングォンは「韓国の保守は絶望的だ。なんと面の皮が厚いのか」と、朴槿恵政権の元与党幹部らがポン・ジュノに祝意を贈っていることを皮肉った上で、「左派文化人の中でも有名だった者は、政府の手を借りることもなかったのである」と、ブラックリストがポン・ジュノには実害がなかったと明らかにした。

韓国映画界でブラックリストの実質的な影響を受けたのは、イ・チャンドン監督（盧武《ノム》鉉《ヒョン》政権時代の文化観光部長官）や、製作者側のイ・ミギョンCJ副会長、少なからぬ独立映画《インディペンデント》の監督などであった。ポン・ジュノの場合は、ブラックリストの存在を文政権の誕生後に知ったというのが実情である。

ポン・ジュノは米国映画資本と連携した『スノーピアサー』や『オクジャ』の製作過程にあり、韓国保守政権の意向とは無縁の場所で映画製作できる環境にあった。彼はブラックリスト問題に関して「創作者にとっては消すことができない傷だ。二度とこのようなことはあってはならない」と語っている。

「進歩新党」は2012年4月に解散した。文在寅氏が当選した2017年の大統領選挙で、パク・チャヌク監督は同党の後身である「正義党」候補の支持を表明したが、ポン・ジュノが現在、どの政党の支持者かは明らかでない。

次章では、ポン・ジュノ一家の100年史を振り返り、「越北」したモダニズム作家の祖父・朴泰遠《パクテウォン》と類似したDNA構造を考察したい。

第3章

ポン・ジュノのDNA

――隔世遺伝と離散家族

ポン・ジュノの家系は「芸術一家」である。

母方の祖父は、植民地時代から有名な作家・朴泰遠《パクテウォン》（１９１０－１９８６）だ。彼は韓国モダニズム小説の先駆者であり、朝鮮戦争時に「越北」し、歴史小説を書いて平壌《ピョンヤン》で亡くなった。

ポン・ジュノには、この祖父の遺伝子が色濃く受け継がれている。

父親のポン・サンギュン（１９３２－２０１７）は、国立映画製作所美術室長を務めた韓国グラフィックデザイナー界の第一世代である。

ポン・ジュノ一家の１００年史で重要なのは、「南北離散家族」だということだ。ポン・ジュノが言及せず、映画化もしていない最大のテーマである。

本章は韓国人監督ポン・ジュノによって今後、映画化が想定される物語の「予習編」でもある。前半が祖父からの隔世遺伝、後半がポン・ジュノ一家１００年の歴史を扱う。

朴泰遠の青年期（左）と晩年（右）　写真提供／『月刊朝鮮』

モダニストの祖父・朴泰遠

おかっぱ頭に丸メガネ。個性派俳優の滝藤賢一に似ている。いや、エコール・ド・パリの画家のフジタ（藤《ふじ》田《た》嗣治《つぐはる》）にそっくりだ。ポン・ジュノの祖父・朴泰遠はこんなモダンな風貌だった。最先端を行く「京城モダンボーイ」の作家だったのだ。

植民地時代の小説なんて、おもしろくもないだろう、というのは偏見である。朴泰遠の小説『川辺の風景』は、その先入観を簡単に裏切る作品である。１９３６年に京城（ソウル）の雑誌『朝光』に連載された小説だ。日本語訳が作品社から２００５年に出版された。牧瀬暁子による翻訳・解説がとてもいい。

『川辺の風景』は、京城の中心部を流れる

清渓川《チョンゲチョン》を舞台に、庶民層の暮らしぶりを活写した群像小説だ。立春から季節につれて、50編の短編がパノラマ劇のように綴られる。日本人は登場しない。一つの話が15ページほどだから、おもしろそうな物語をピックアップして読んでいるうちに、川辺の住人たちの暮らしと哀感が浮き立ってくる仕掛けである。

どこから読んでもいいのだが、第16章「さまよえる処女性」から読み始める。

とてもコケティッシュな小品である。貧しい農家に生まれた錦順《クムスニ》は、少女時代から幸せとは縁が遠かった。田舎から出てきた若い寡婦・錦順が、金鉱ブローカーにかどわかされそうになる。「不幸に慣れ親しんだ人は誘惑に陥りやすい」「この世に男と生まれて、女が嫌いな奴がどこにいる」。思わせぶりなフレーズが顔を出す。

司法書士とその妾《めかけ》、浮気相手の妓生《キーセン》、針仕事で生計を立てる貧しい寡婦と娘、その娘と結婚する職工、カフェの女給と客たち、路上のアイスクリーム売り……。「映画のカメラが回るように、ロングショットとクローズアップを繰り返しながら、彼等の姿形、しぐさ、会話、内なる声が克明に映し出される」（同書解説）。そんな映画的な手法が駆使されているモダニズム小説だ。朴泰遠の小説がシネマ的であることに、まず留意する必要がある。

清渓川は、京城の朝鮮人街（北村）と日本人街（南村）のほぼ中間にあった。京城の西から東へと流れる都市河川であり、漢江《ハンガン》に注ぎ込む支流である。その漢江を舞台に70年後、孫が怪物映画『グエムル　漢江の怪物』（2006）を作るとは、当時の朴泰遠が知るはずもない。

『川辺の風景』は1930年代の京城を描写した都市文学である。ポン・ジュノが監督した『グエムル　漢江の怪物』『パラサイト　半地下の家族』は、21世紀序盤のソウルを舞台にした都市映画である。祖父と孫は、それぞれの時代の中で都市生活者の生活と哀歓を巧みに再構成する作品を残した。

父親とコカ・コーラ

祖父・朴泰遠の生涯を叙述する前に、父親であるポン・サンギュンについて触れたい。ポン・ジュノが好んで話題にする父親の逸話がある。

第1章の冒頭で言及した金綺泳《キムギヨン》監督の名作『下女《ハニョ》』（1960）のタイトルを、父親が書いたというエピソードだ。当時、彼は国立映画製作所の美術室長だった。筆書きの流麗かつ独特の書体は、この映画の怪奇性を象徴していた。第1章でも書いた通り、『下女』は『パラサイト』の原型をなす作品である。その映画作りに父親が参加したという因縁に、ポン・ジュノならずとも感慨を覚えざるをえない。

韓国国立映画製作所は1948年11月、ソウルの中心街である鍾路《チョンノ》区世宗《セジョン》路に、その前身である「現像室」が設立された。主に政府広報映画「大韓ニュース」の製作にあたった。国立映画製作所として改編されたのは、1961年6月のことであり、ソウル大学応用美術学科を1955年に卒業したポン・サンギュンは、それ以前から雇用されていたものと見られる。

コカ・コーラの韓国上陸にあたってハングル書体のロゴを描いたのも、ポン・サンギュンだった。そういう説が韓国グラフィック業界では有力である。

国立映画製作所に就職した彼は、映画のセット美術、映画の字幕製作などの分野を担当していた。コカ・コーラのハングル・ロゴのデザインを委嘱されたのも、映画『下女』の製作に前後した時期だと見られる。

ポン・サンギュンはその後、暁星女子大学（現在の大邱《テグ》カトリック大学）、大邱近郊の嶺南《ヨンナム》大学で教授を務めた。末っ子のポン・ジュノが生まれた1969年当時は、嶺南大学の応用美術科教授だった。その後、上京してソウル産業大学（現在のソウル科学技術大学）教授を長年にわたって務め、ソウルビジュアルアーティストビエンナーレ協会理事長などを歴任した。

第2章で言及したように、幼少期のポン・ジュノは父親の書斎で外国の書籍や写真集などを見て、大いに感化された。父の書斎が映画怪物ポン・ジュノの揺籃《ゆりかご》だったのである。前述の通り、この点はきわめて重要である。

ポン・サンギュンが朴泰遠の次女・小英《ソヨン》と結婚したのは、国立映画製作所に勤務していた時代だ。ソウル大当時の同級生が「いい娘さんがいる」と朴小英を紹介し、お互いに気に入り、結婚に至ったのだという。

ポン・ジュノの証言によると、ポン・サンギュンの伯父にも、朴泰遠と同様に「越北」した人物がいる。

韓国の家族史を考察する上で、「南北離散家族」問題は重要なファクターである。

しかし、どの韓国人家庭でもその真相は語られないのが実情だ。ポン・ジュノの母方の祖父である朴泰遠一家の離散史は、その長男や次男によって文章化されている。しかし父方にあたるポン家の家族史は、ポン・ジュノの父親の兄が「越北」したという事実があるのに、これといった記録がない。それは傍目には不思議に映るほどだ。

植民地近代と朴泰遠

祖父・朴泰遠と、孫のポン・ジュノ。

この小説家と映画監督の二人は、朝鮮民族の創造力溢れる表現者である。朴泰遠と家族の100年史をフォローアップし、21世紀の韓国映画界に登場した怪物《グエムル》のルーツに迫りたい。

朴泰遠は1910年1月6日、清渓川にかかる「広橋《クァンギョ》」の横にある茶屋町7番地（現在の茶洞《サドン》）で、1904年から西洋薬局を経営する朴容桓《パクヨンファン》の4男2女の次男として誕生した。2人が乳児期に早世したため、一緒に育ったのは長男・震遠《ジノオン》のほか文遠《ムノオン》（弟）、璟遠《キョノオン》（妹）の3人である。

朴泰遠が生まれたのは、日本による韓国併合の年だ。隣家の叔父・朴容男《パクヨンナム》は朝鮮医学校（2期生）を卒業した医師であり、叔母は梨花《イファ》女子高等普通学校の教師という知識階級の子弟だ。7歳で祖父から漢文の手ほどきを受け、普通学校（小学校）の入学以前には、叔父の書斎でハングルによる朝鮮古小説を愛読するようになっていた。12、3歳で新潮社版の『モオパッサン選集』を読んでいた早熟な少年だったという。京城のモダニズム開化期に、ポン・ジュノの「おじいさん」は中国や日本、西洋の教養をたっぷり吸収したのである。

私の手元に1933年の「京城精密地図」がある。

ソウル在住の研究者からPDFファイルで入手した。驚くべきことに、各洞（街）の番地まで明記してあり、住居の位置関係を詳細に知ることができる。朴泰遠の父・容桓が経営する薬局があった「京城府茶屋町7番地」は、清渓川のすぐ南側にある。

朴泰遠が9歳だった1919年に「3・1独立運動」が起きた。朴少年は朝鮮人たちの万歳デモをどういう気持ちで見ただろうか。朝鮮の「植民地近代」は動き始めていた。民族意識も近代の産物である。この年の10月27日、京城で初めて朝鮮人製作の「映画」が上映された。

ポン・ジュノ一家の家族史を叙述する本章では、韓国映画100年史のエピソードも併せて記録したい。映画は近代が生んだパワフルなメディアであり、朝鮮映画史はポン・ジュノという稀代の監督を生んだ基盤になったからである。

朝鮮で初めて朝鮮人製作の映画が上映された場所は、京城の鍾路《チョンノ》にあった朝鮮人経営の劇場「団成社《タンソンサ》」である。それは金陶山《キムドサン》演出『義理的仇討』という題名で、舞台劇の合間に野外撮影の映像を挟んだ連鎖劇（キノドラマ）だった。これが「韓国映画元年」の初作品とされている（少なからぬ異説がある）。

映画『パラサイト』製作のためにポン・ジュノが描いた絵コンテ
（ＵＰＩ／ニューズコム／共同通信イメージズ）

「観客男女が夕方の早い時間から満ち潮のように押し寄せた。ひときわ華やかだったのは、券番（置屋）の妓生が２００人余りも見に来たことである。映写が始まると、観客の拍手喝采は鳴り止まなかった」（『毎日申報』同月29日付）。総督府御用紙の報道が、当時の熱気を伝えている。

　朴泰遠は早熟だった。

　京城第一高等普通学校を卒業後の１９２９年、『東亜日報』に「垓下《がいか》の一夜」を発表する。まだハイティーンだ。中国の故事に題材を求めた連載である。翌年にも連載小説「寂滅《じゃくめつ》」を掲載した。都市を徘徊する小説家が出会った狂人が厭世的な心理を語る小説だ。

　この両作品で注目されるのは、朴泰遠が自ら挿絵も描いたことだ。画才があるのは、ポン・ジュノ一族の血統である。ポン・ジュノも映画製作にあたって、すべてのストーリーを事前にイラストで描いている。第2章で述べたように、大学時代には4コママンガを連載したほどの実力の持ち主だ。血筋はやはり争えない。

近代の大都市・東京

1930（昭和5）年、朴泰遠は法政大学（予科第二部）に入学した。裕福な家庭の子息ならではの東京留学である。

当時の日本は、大恐慌（1929）後のエロ・グロ・ナンセンス時代であった。大阪のカフェが銀座に進出し、女給の濃厚サービスが人気を呼んだ。野呂栄太郎『日本資本主義発達史』が出版され、林芙美子は『放浪記』を書いた。入場料40銭を出して、映画『何が彼女をそうさせたか』（鈴木重吉監督）を見た時代である。

法政の学籍簿に記載された朴泰遠の住所は、東京府下戸塚町（現在の高田馬場）だが、実際にどこに住んでいたかは明らかでない。

最近、彼の小説「半年間」（1933、東亜日報に連載）が研究者に注目されている。1930年10月から翌年3月まで、半年間の東京暮らしの記録である。なかなかおもしろい文章だ。朴泰遠は東京散歩にあたって今和次郎《こんわじろう》『新版大東京案内』（中央公論社、1929）を参照したと見られるのだ。

牧瀬暁子の論文と翻訳によると、朴泰遠の東京散歩録『半年間』（翻訳書は未刊行）はこんな具合だ。

新宿駅構内に一歩足を踏み入れてみよ。正確に四分の間隔を置いて到着する中央線電車。遠く信州、甲州などから客を運ぶ列車、東京市外を循環する山手線。そして流行歌にまで出てくる小田急―小田原急行。

かくして新宿駅は一日に十七万人の乗降客を呑み込み、吐き出す。

これらの表現は『新版大東京案内』の記述と瓜二つであるという。

駿河台下から九段下まで電車道の両側に古本屋がずらりと軒を接している（中略）。『西部戦線異状なし』を手にとってジュノの方をふり向いた。

レマルク『西部戦線異状なし』の秦豊吉訳（中央公論社、1929）は当時のベストセラーだった。『新版大東京案内』にも広告が載っていた。当時はまだ雑誌しか出していなかった中央公論社の初の単行本だった。『半年間』の別の記述によると、神保町交差点近くには当時「朝鮮食堂」があり、『東亜日報』『朝鮮日報』の取次サービスをしていたという。

車が武蔵野館前に着いた。（中略）スクリーンでは、漫画のトーキー映画「ミッキーマウスの冒険」が観客の微笑を誘っていた。

日本初のトーキー映画は、五所平之助監督『マダムと女房』（1931）である。朝鮮での初トーキー映画は、文藝峰《ムンイエボン》主演の『春香伝』（李明雨《イミョンウ》監督、1935）だ。朴泰遠はトーキー映画草創期の興奮を、震災後の近代都市・東京でエンジョイしたことになる。

「十時三十五分。すぐ行きましょ。チョルスさん。あと二十五分しか残っていないから……」「どこに行くの?」「ダンスホール」

ダンスホールは当時の最新風俗だった。『新版大東京案内』によると、営業時間は午後

11時までだった。赤坂・溜池にあったダンスホール「フロリダ」は、1929（昭和4）年8月に開場した。1933（昭和8）年公開の田中絹代主演『非常線の女』（小津安二郎監督）に出てくる。小津にしては珍しく、バタ臭いギャング映画である。

卜恵淑《ボクヘスク》は朝鮮シネマ史で重要な女優だ。京城の人気カフェ「ビーナス」のマダムだったが、戦後になっても活躍を続け「韓国女優の母」になった。

彼女ら芸能関係者9人が「ソウルにダンスホールを許可せよ」と訴えた朝鮮総督府警務局長に宛ての嘆願書が、朝鮮語誌『三千里』（1937年1月号）に掲載された。京城にも「フロリダ」のようなダンスホールが欲しいという陳情だ。

これは、のちに金振松《キムジンソン》の同名研究書（1999）のタイトルになったことで韓国学界の脚光を浴び、植民地研究における「京城ブーム」の火付け役になった。「収奪と弾圧」だけが強調されてきた朝鮮植民地史の叙述に、「モダン都市・京城」を重視する新たな視点をもたらした研究書だ。

「都市の徘徊」が『半年間』という朴泰遠の初期作品から、登場するのが興味深い。彼は東京留学からの帰国後、京城で『小説家仇甫《クボ》氏の一日』（1934）という卓抜な徘徊小説を書くのだ。

ポン・ジュノは2008年、日本で製作された外国人監督3人によるオムニバス作品

『TOKYO!』に参加して、短編映画『シェイキング東京』を撮った。ひきこもりの青年（香川照之）、宅配ピザの女性（蒼井優）らが出演する秀作だ。地震が突然起きて、ひきこもりも外に飛び出す。地震国ニッポンに対する韓国人の恐怖混じりの感性が表出していておもしろい。

〝気鋭の文学者〟に影響を与えた「考現学」

植民地時代の京城と東京を往復しながら、当時の時代感覚を考察したい。朴泰遠が今和次郎の「考現学」に遭遇したのは、法政大学に在学中に彼の著作『モデルノロヂオ（考現学）』（春陽堂、1930）や『考現学採集（モデルノロヂオ）』（建設社、1931）が出版されたからだ。

「考現学」とは「考古学」と対照的に発案された言葉だ。1927（昭和2）年、新宿・紀伊國屋書店の開店記念「しらべもの（考現学）展覧会」を契機に考案された。モデルノロヂオ（Modernologio）は、現代学（Modernology）のエスペラント語である。「現代の社会の風俗を、場所・時間を定めて組織的に研究し、分析・解説しようとする学問」という説明（『大辞林』）がわかりやすい。

今和次郎は3度にわたって朝鮮を訪問した。彼の本職は建築学である。1922年9月から1ヶ月間、朝鮮総督府の委嘱で京城、平壌、開城、咸興、全州、金泉、慶州を訪問し、朝鮮の住宅を調べた。1923年春、2度目の訪朝の際には講演会で「総督府の場所は朝鮮民族に一種の悪感情を与える」と苦言を呈した。3度目の訪朝は1944年9月だ。内地と朝鮮の狭間に立たされた苦渋が感じられる文章を残している。戦争と近代化が同時進行したモダニズム社会にふさわしい見識と視野を持った学者だ。

朴泰遠の作品の中で「考現学」の影響が指摘されるのが、代表作『小説家仇甫氏の一日』（1934）だ。1931年秋に法政大学を中退し、帰国してから3年後に『朝鮮中央日報』に連載した小説である。

『小説家仇甫氏の一日』は、作家の分身である仇甫氏が正午に家を出て、京城の街を徘徊し夜中2時に帰宅する構造の小説だ。小説の中に「考現学」という言葉が直接引用されているだけでなく、その徘徊過程で目に飛び込む風景や人物を「考現学」的に丹念に観察し、巧みに素描した。

現在と過去の交差に、映画のオーバーラップの手法を取り入れた。それはジェイムズ・ジョイス『ユリシーズ』における「意識の流れ」を連想させるし、この小説には喫茶店で『ユリシーズ』を論じる友人も登場する。

さらに2年後の『川辺の風景』は、考現学を通じて「自分でも気づかないうちに得た表現が形象化された」と評される作品になった。

最新潮流に敏感な朴泰遠の探究意欲は、欧米のマンガや映画の動向に強い関心を持ち、飽くなき研究を続けてきた孫のポン・ジュノと同様な資質を強く感じさせる。

朴泰遠研究者の白恵俊《ペクヘジュン》の論文が指摘する。

「語り手は物語の舞台である清渓川を中心に集まったり、離れたりする複数の人物の様々な生き方を徹底的に『見る』立場から描いている。（中略）対象との一定の距離を保つことによって、目に入るものに何の主観も持たず冷静に観察することこそ考現学の視点であり、『川辺の風景』はこの考現学の視線について探求した作品である」

私には今和次郎の考現学が、日本人よりも朝鮮人の気鋭の文学者に強い影響を与えたことが興味深い。青森生まれの学者の感覚が、京城の青年に伝播したのである。1969年に生まれたポン・ジュノは日本や欧米のマンガや映画に影響を受けて育った。ポン・ジュノの芸術家一家には、時代と空間を超えて最先端文化を貪欲に吸収する能力が備わっていると言える。

金貞愛との結婚

朴泰遠は1934年10月24日、漢方薬局の一人娘だった金貞愛《キムジョンエ》と結婚した。新婦はソウルの淑明《スンミョン》高等女子学校（淑明女子大学の前身）英語科を首席で卒業した才媛だ。結婚当時は、京城師範を経て忠清北道《チュンチョンブクト》の小学校の先生だった。二人の結婚式は朴泰遠が「小説家仇甫氏の一日」の連載を9月19日に終えた直後だ。彼が公私ともに最も充実していた時期と言える。

『東亜日報』（1930年3月14日）に、金貞愛が高女を首席で卒業した時の紹介記事が掲載されている。その詳細を判読できないのが残念だが、当時の近代文化を吸収した「新婦人」の一人だったのは間違いない。

次男・再英が叔母から聞いたというエピソードがある。

朴泰遠は叔母と一緒に淑明高女の卒業公演（1930年3月）を見に行った。その時、英語劇ではつらつとした演技を見せていた金貞愛に、泰遠が一目惚れしたのだという。結婚を申し込んだものの、まだ無名だった文学青年はていよく断られたという。話ができすぎていて、真偽のほどは定かでない。

ソウル歴史博物館が数年前に刊行した朴泰遠の結婚披露宴「芳名録」の復元本がおもし

ろい。当代の有名作家だった李箱《イサン》や李泰俊《イテジュン》らの挿絵入り祝賀メッセージが並んでいるからだ。

親友の李箱は「面会謝絶反対」と書いている。朴泰遠が結婚すると、友達づきあいが悪くなりそうなのをからかっているのだ。李泰俊は「1＋1＝1」と書き、桃の絵を添えている。映画監督の安夕影《アンソギョン》は「仇甫結婚」の文字の横に、人魚を釣り上げた釣り人の絵を描いた。

朴泰遠と李泰俊はのちに「越北」したが、安夕影は解放後、大韓映画協会理事長を務め、朝鮮戦争前の1950年2月24日に病死した。解放前の京城で多彩な才能を発揮した男だった。申明直《シンミョンジク》『モダンボーイ、京城を闊歩す――漫文漫画に見る近代の顔』（現実文化研究、2003）に詳しい。李箱は27歳の時、東京で横死した天才詩人である。

1930年代の京城は、日本による植民地統治が安定期を迎えていた時代だ。「京城三越」は東京、大阪に次ぐ売り上げを誇り、近代の消費文化は朝鮮半島でも爛熟《らんじゅく》期を迎えていた。

京城と「映画の時代」

近代が「映画の時代」であったことを、改めて想起したい。

すでに触れたように、朝鮮人製作の初の連鎖劇映像『義理的仇討』(金陶山《キムドサン》原作・演出)が鍾路「団成社」で上映されたのは、3・1独立運動が起きた1919年の10月27日だ。朴泰遠が生まれた1910年の韓国併合(8月29日)の約半年前の2月18日には、朝鮮初の常設映画館「京城高等演芸館」が漢城府黄金町2丁目(現在の乙支路《ウルチロ》2街)に開館している。日本人による経営だが「毎夜900人以上の観客ありて、韓人6分日本人4分の割合」(『京城新報』)だったという。ここでは日本や欧米製作の映画が上映されていた。

朴泰遠が幼少期から、映画文化の滋養分を吸収して成長してきたことに注目する必要がある。彼はどの映画館に行っていたのだろうか。

朝鮮人街(北村)の鍾路一帯では、朝鮮人経営の劇場「団成社」(1918年開館)のほか、日本人経営の「優美館《ウミグアン》」(1912年開館)が有名だ。後者は林権澤《イムグォンテク》監督『将軍の息子』(1990)における日朝暴力団同士の決闘シーンに登場する。日本人街(南村)には「大正館」(1912年開館)、「黄金館」(1913年開館)、「喜樂館」(1915年、有樂館として開館。1919年改称)などがあり、朝鮮人観客も出入りした。日本人と朝鮮人の行動エリアに境界があったわけではなく、往来は自由だった。

映画好きだった朴泰遠は、娘を連れて映画館めぐりをした。『川辺の風景』には、夜遊びから帰った少年が「おまえ、団成社に行ってきたんだな」と冷やかされる場面がある。1939年の朴泰遠の小説『最後の億万長者』は、ルネ・クレール監督の同名映画（1934）を改作したものである。

米アカデミー賞脚本賞をポン・ジュノとともに共同受賞したハン・ジウォンは「アメリカにハリウッドがあるように、韓国には忠武路《チュンムロ》がある。忠武路にいるすべての映画人とともにこの栄冠を分け合いたい」とあいさつした。

忠武路は、日本統治期には「本町」と呼ばれていた一帯だ。南山の麓《ふもと》にある市街地である。もともと「泥峴《チンコゲ》」と呼ばれた湿地だったが、日本人の居住が進むと、商業地域として開発された。解放後には民族の英雄・李舜臣《イスンシン》（忠武公）にちなんで改称された。日本人経営の映画館が「敵産家屋」として払い下げられ、韓国人企業家による映画館が林立するようになった。「国都《ククド》劇場」「明宝《ミョンボ》劇場」「大韓《テハン》劇場」などである。

映画製作会社、企画会社、現像所、印刷所、写真館、喫茶店などが集まり「映画村」を形成した。1970年代までが全盛期であり、その後は新興の江南《カンナム》地域に分散移転したため形骸化した。最近、観光名所として再建する計画もある。

「解放前」と「解放後」

モダニスト時代の朴泰遠に関する論及は、朝鮮文学研究者の中では少なくなかった。しかし、私には解放前後の朴泰遠の変貌ぶりが、より重要だと思われる。

朝鮮戦争が勃発して「越北」した朴泰遠の人生の後半は、平壌の「歴史小説家」として名を残した。「カメレオン的変身」と韓国の一部で酷評される変態過程《メタモルフォーゼ》は、時代と個人の関わり合いを考える上で格好の実例でもある。孫のポン・ジュノも「変態」する映画監督である。

盧溝橋事件（1937年7月7日）以来、日中戦争が激化した。

朝鮮支配に「内鮮一体」というスローガンが登場する。「内鮮一体」とは「半島人をして忠良なる皇国臣民たらしめる」運動である。南次郎・朝鮮総督（陸軍大将）の時代だ。相対的な安定期から、朝鮮は一転して激動期を迎える。

一方、同じ頃の台湾総督は長谷川清（海軍大将）だった。彼は小林躋造《せいぞう》前総督以来の「皇民化」政策を緩和し、台湾人が信仰する寺廟の整理を中止させた。植民地台湾、植民地朝鮮の歴史は、丹念に個別具体的にレビューする必要がある。

この時期に、朴泰遠は「風俗小説」「身辺小説」と言われる作品を書いた。

彼は創氏改名もせず、日本語作品も書かなかったが、「国民精神総動員朝鮮連盟」傘下の御用団体「朝鮮文人協会」の結成にあたっては、李光洙《イグァンス》（「朝鮮近代文学の祖」とされる作家）や李泰俊らとともに参加した。朴泰遠は高麗時代を舞台にした小説「元寇」を『毎日新報』に連載中に、宗主国・日本の敗戦を迎えた。朴泰遠は「略奪者」というタイトルで連載を再開したものの、内容的には「元寇」を踏襲したものだったという（三枝寿勝『韓国文学を味わう』国際交流基金アジアセンター、1997）。

朝鮮の「解放」をめぐっては、咸錫憲《ハムソッコン》『意味で考える韓国史』（1950）の表現「解放は盗人のようにやってきた」が的確な歴史認識である。独立の準備をしていなかった者に、解放は盗人のように、いきなりやって来たという意味だ。

中国・西安にいた韓国独立運動家・金九《キムグ》は、日本降伏の知らせを受けると、「天が崩れるよう」だ、と慨嘆した。光復軍が日本軍に砲弾の一撃も加えず「与えられた独立」を迎えたことは、戦後世界での韓国の発言力を封じるものであり、実際に金九の懸念通りになった。

解放直後、朴泰遠は李泰俊の推薦で「朝鮮文学建設本部」や「朝鮮文学家同盟」の委員に選任される。一般的に左翼系列とされる両団体だが、朴泰遠は左翼の「朝鮮プロレタリア文学同盟」とは異なる穏健派に属する。

しかし、この時期に朴泰遠が書いた1920年代の反日テロ活動記録『若山《ヤクサン》と義烈団』（1947）を読むと、モダニズム小説家とは異質の民族主義作家の面貌が見られる。それは硬派の歴史評論であった。

私は日本語訳書『金若山と義烈団』（金容権訳、皓星社、1980）を初めて読んだ時、『小説家仇甫氏の一日』と同じ作家であることに気がつかなかった。著者紹介には、解放後の『朝鮮独立殉国烈士伝』しか記載されていなかったという事情もある。

長男の朴一英《パクイリョン》の著書『小説家仇甫氏の一生　京城モダンボーイ朴泰遠の私生活』（未邦訳、文学と知性社、2016）によると、朴泰遠はこの本の印税で出版社社長の自宅がある城北洞《ソンブクドン》に家を新築したという。城北洞はポン・ジュノの映画『パラサイト』で、パク社長の豪邸の所在地になった場所だ。ポン・ジュノが、この事実を知っているかどうかは定かでない。朴一英が入手した資料によれば、その住所は「城北洞230番地」であった。

若山とは解放後、朝鮮労働党中央委員会中央委員（のちに粛清）になった金元鳳《キムウォンボン》のことだ。2019年6月、文在寅大統領が彼を「韓国軍のルーツ」と評価する演説を行い、保守系の野党から猛批判を受けた。ちなみにイ・ビョンホンが金元鳳役を演じた韓国映画『密偵』（2016）は、義烈団の二重スパイ事件をモデルにした映画である。残念ながら、歴史的にありもしなかった妄想劇に終わり、映画としては不出来だった。

朴泰遠と同時代に活躍した林和《イムファ》や李泰俊ら多くの文学者は、38度線を越えて北朝鮮に渡ったが、朴泰遠はソウルにとどまった。

1949年には社会主義からの転向を誘導する組織「保導連盟」に加入し、転向声明書を発表したと言われる。このあたりの振幅の激しさは、モダニズム小説家の朴泰遠が明確なイデオロギー（政治思想）を持たなかった証左でもある。いち早く1946年8月に越北した先輩の李泰俊は文化使節団の一員として訪ソして、ソ連を絶賛する紀行文を書いた。

「越北」後の変身

1950年6月、北朝鮮軍の南侵によって朝鮮戦争が始まると、朴泰遠も一変する。彼は「南朝鮮文学家同盟平壌視察団」の一員として単身で越北するのだ。長男・一英の調査によれば、それは1950年9月20日だった。仁川《インチョン》上陸作戦に成功した国連軍が、ソウルを奪還する直前だった。

朴泰遠は朝鮮戦争中、従軍作家となり小説『祖国の旗』を書いた。これは北朝鮮軍の洛《ナク》東江《トンガン》作戦（釜山近郊での攻防戦）の模様を描いた作品だと、一英は著書で記す。その後、牧瀬暁子によれば、朴泰遠は平壌文学大学教授になったが、スターリン批判が北朝鮮内に波動した政治変動で一時、僻地の学校に左遷されたという。

1960年に復帰し、東学農民運動を描いた『鶏鳴山川《ケミョンサンチョン》は夜が明けたか』(1963)や『甲午農民戦争』(1977〜)を、失明と半身不随の中で完成させた。1986年7月10日、76歳で病没した。当時、ポン・ジュノは「1986年アジア競技大会」の会場に近いソウル蚕室《チャムシル》高校の生徒であった。

朴泰遠を平壌に誘引した李泰俊は朝鮮戦争後、南労党系に対する粛清事件に巻き込まれ、その後の消息は明瞭でない。朴泰遠が長寿を全うできたのは、イデオロギーが強固でなかったせいだと解釈すべきだろうか。

「越北作家」たちの生涯にわたる作品研究は、朝鮮戦争中や北朝鮮での個人史が明瞭でないことから、依然として深い霧の中にある。朴一英『小説家仇甫氏の一生　京城のモダンボーイ朴泰遠の私生活』は貴重な歴史資料だが、家族史関連には不分明な記述が少なくない。

前述したように、約60年間にわたる朴泰遠の作家活動の軌跡を、「カメレオン的変身」と評する韓国の研究者もいる。確かにモダニズム小説から「親日」的作品、解放直後のプロパガンダ文学、越北後の階級史観小説と作品傾向は多彩であり、時代によって極端な変貌が見られる。

だが、解放前後の朝鮮文学者の作品が「時代の制約」を免れえないのは仕方がないことだ。時代が個人を侵食し、政治が文学を翻弄する時代だったからだ。「無節操な小説家」に比喩するのは、ちょっと酷な気がする。

朴泰遠研究者である牧瀬暁子は、「そこには変身というより、むしろ一貫して『人間』を描こうと苦闘した軌跡を見ることができる」と指摘する。

牧瀬のこの表現は、むしろポン・ジュノの映画を見る時の評価基準になりうるというのが、私の考えだ。

第2章で指摘したように、ポン・ジュノの映画も長編デビュー作『ほえる犬は噛まない』（2000）以降、最新作『パラサイト　半地下の家族』（2019）に至るまで多くのジャンルをこなし、その内容にも幾多の変遷が見られる。

『スノーピアサー』（2013）以降、海外の巨大映画資本と提携するようになったポン・ジュノの映画は、会心作『殺人の追憶』（2003）のような社会性と構想力を兼備した映画から、『パラサイト』のように、暗喩に満ちた作風に大きく変貌してきた。

ポン・ジュノの「変容」ぶりは、彼の才気走った商業映画の別名でもある。そこに「人間の深層」は描かれているのか。それが今後とも、評価の基準だと思われる。

ソウルに残された朴泰遠（写真右円）夫人（後列中央）と家族たち（写真提供／『月刊朝鮮』）

朴泰遠の子供たち

「南北離散家族」の問題に考察を進めたい。

　朴泰遠は妻・金貞愛との間に、2男3女を育てた。長女・雪英《ソリョン》（1936年生まれ）、次女・小英《ソヨン》（1937年生まれ）、長男・一英《イリョン》（1939年生まれ）、次男・再英《ジェヨン》（1942年生まれ）、三女・恩英《ウニョン》（1947年生まれ）の5人である。

　ポン・ジュノは、次女・小英の2男2女の末っ子である。

『パラサイト』の米アカデミー賞4冠が伝えられた時、『月刊朝鮮』の5年前の記事が同誌ホームページに再掲載された。

　そこでは次男・再英がインタビューに答えて、「私の父親の名前は、かつて『朴○遠』

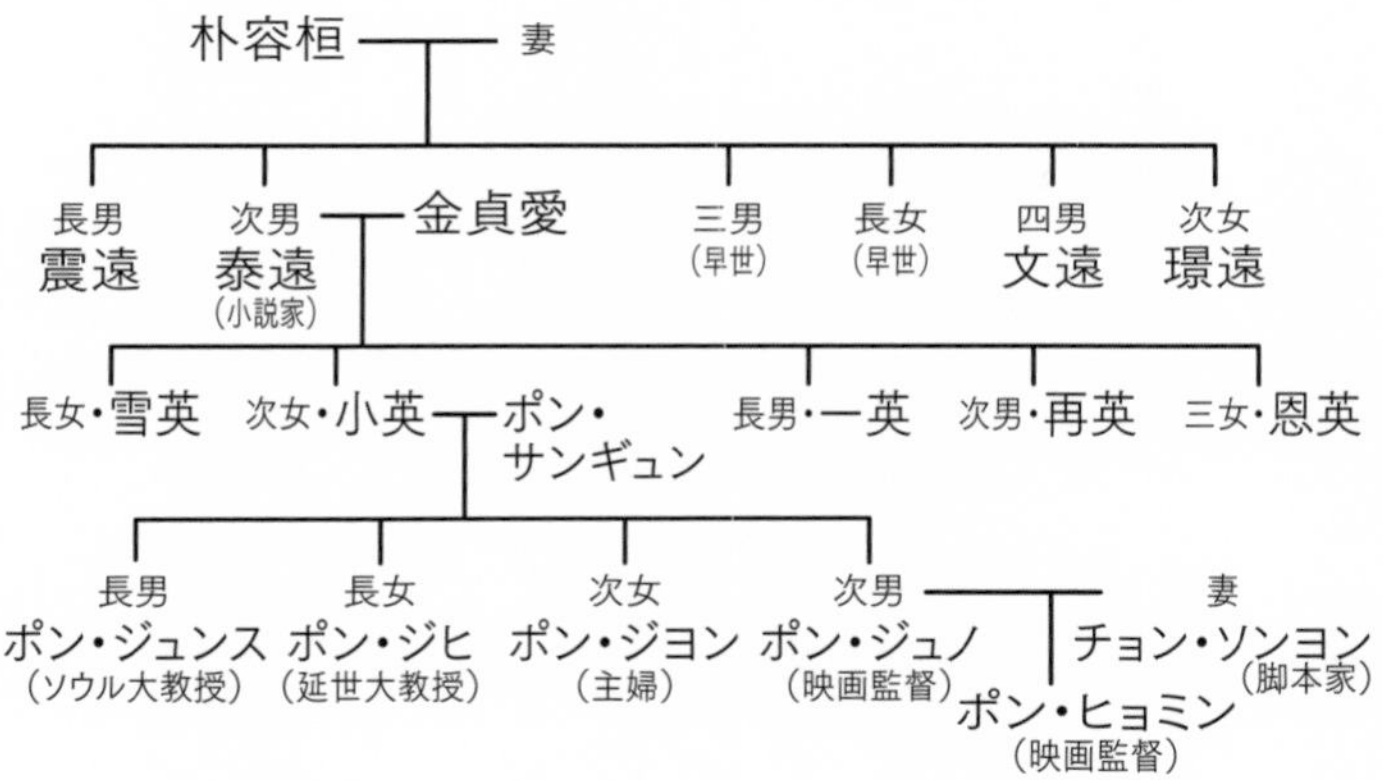

ポン・ジュノ家の家系図

『朴泰×』と表記されていた」と述べていた。1988年に「越北」作家の作品が解禁になるまで、朴泰遠という名前はタブーだったのだ。北朝鮮では京城時代のモダニズム作品が知られず、平壌時代の歴史作家としてのみ有名だったのは、134頁で触れた通りだ。

　再英が言う。「かつて父親の本を国立図書館で探しても『禁帯出』の表示がついていた。解禁になってからも、実際に本を手に入れるまで時間がかかった。北で発刊した『李舜臣将軍』（1952）は米ハーバード大学図書館にあるのを1年がかりで入手した」

　2009年に北京の図書館で見つかった『沈清伝』『李舜臣将軍』『絵本甲午農民戦争』は知人が複写して送ってくれた。しかし、それも「いったん国家情報院に行き、統一部の推薦を受けてやっと入手できた」のだという。ここには父親の「越北」によって、南北離散状態になった家族の苦闘が語られている。

長女・雪英と次男・再英は２００６年、金剛山《クムガンサン》で行われた第14回赤十字離散家族の再会事業で、56年ぶりに対面した。朝鮮戦争時に中学2年だった雪英は、人民軍病院で働いているうち越北したのである。彼女は平壌機械大学英文科教授になっていた。雪英はテナー歌手の音楽大学教授と結婚し、1男4女がいた。

朴泰遠の長男・一英はソウル大学数学科を卒業後、出版社編集長を経て、結婚後の１９６９年に米国に移住した。ワシントンＤＣの韓国人学校校長を務めた。２人の娘は人権活動家になった。一英の米国移住に至る詳細な経緯は不明である。

朴泰遠の作品を収集した次男・再英は１９６３年、ソウル大学農業経済学科に入学。卒業後は韓国産の雑貨の輸出業に従事してきた。次女・小英はグラフィックデザイナーのポン・サンギュンと結婚し、2男2女の末っ子としてポン・ジュノが生まれる。

では、北朝鮮に単身「越北」した朴泰遠の私生活はどうなったのか。

彼は平壌で新しい妻を迎えたのである。

平壌の朴泰遠ファミリー

２００４年、韓国の文芸誌『文学思想』８月号に「わが父朴泰遠」という手記が載った。筆者は、朴泰遠が越北後に結婚した「夫人」の連れ子の女性であった。手記には朴泰遠が晩年、闘病しながら長編小説『甲午農民戦争』を完成させた姿などが詳しく書かれていた。この手記は、もともと北朝鮮の文芸誌『統一文学』に掲載されていた。ソウル大学の教授が米ハーバード大図書館で見つけて、韓国の『文学思想』に転載した。翌月の『文学思想』９月号には、これを読んだ朴泰遠の次男・再英が「われらの父朴泰遠」を発表した。これによって朴泰遠が南と北で作った「二つの家庭」の実情が明らかになった。

２００４年という年は、ポン・ジュノの長編2作目『殺人の追憶』（２００３）が韓国内で大ヒットを記録した翌年である。彼は韓国の代表的な映画賞である「大鐘賞《デジョン》」で監督賞、作品賞を受賞した。

この時代になって初めてポン・ジュノは、高名な小説家の祖父の「その後」に接するのだ。ポン・ジュノは、祖父の人生と文学をどう受け止めたのか。私はこういった家族史の因縁を重視したい。

平壌の朴泰遠（前列中央）還暦祝賀会。1969年12月7日
（写真提供／『月刊朝鮮』）

前述の『月刊朝鮮』（2015年10月号）に、朴泰遠の「北の家族」写真が載っていた。1969年12月7日、朴泰遠の還暦祝賀会の模様である。

中央に、白髪が目立つ朴泰遠が写っている。痩せてはいるが、健康上の異変は感じられない。メガネは上半分が黒縁の普通のものだ。その左隣は、朴泰遠の実妹である朴璟遠（1927年生まれ）である。彼女も「越北」していたのだ。ふっくらした顔立ちで、膝に幼児を抱いている。

その左隣が平壌で「再婚」した女性クォン・ヨンヒ（1913年生まれ）だ。細面のメガネをかけた女性である。彼女も幼児が膝の上にいる。

朴泰遠の右隣にいるのは、実弟の朴文遠

（１９２０年生まれ）である。文遠も越北していたのである。黒縁メガネをかけた痩せぎすの男性だ。その右隣は彼の妻チェ・ハクシン。知的な印象の女性である。

文遠は、東北帝国大学で美学を専攻した画家であり、社会評論家だった。帰国後、京城帝国大学文学科に再入学し、解放後は朝鮮プロレタリア美術同盟中央委員、朝鮮労働組合全国評議会宣伝部員として活躍し、１９４９年に越北した。兄の朴泰遠よりはるかに左傾化したイデオロギーの持ち主だった。文遠は京城でも平壌でも、兄の作品の表紙を描いた。彼の長男チョルホも北朝鮮で美術家として活動しているという。

２列目の左端にいる２人の女性は、クォン・ヨンヒの娘たちテソンとテウンだ。テウンが「わが父朴泰遠」を書いた女性だ。いずれも端正な服装だ。２列目右端にテソンの夫がいる。

朴泰遠の長女・雪英は３列目の右端だ。彼女は１９３６年生まれだから、当時33歳である。血筋なのか、ほかの事情からなのか、彼女も痩せている。

この写真には、全部で19人の「朴泰遠一家」が写っている。テーブルの上には、ケーキや大量のりんご、多くの食べ物が並べられ、たくさんの子供たちに囲まれた家族写真である。

この当時、朴泰遠は甲午農民戦争を描いた長編歴史小説の前編『鶏鳴山川は夜が明けたか』を刊行した後であり、幾多の変遷を経て、北朝鮮での文名を不動のものにした時期である。幸福そうな家族写真は、その貴重な記録とも言える。

しかし、元京城モダンボーイの小説家の「秘話」は、それだけで終わらなかった。彼が再婚した女性は、意外な人物だ。

朴泰遠が京城の青年時代に、李箱ら若き文学者と「恋のさや当て」を繰り広げたカフェのインテリ女給クォン・ヨンヒだったのである。彼女は戦前の『ゴーリキー全集』（改造社版）を全巻読んだという才女であった。

「いつかアボジを映画に」

クォン・ヨンヒは、『東亜日報』記者だった作家・鄭人澤《チョンインテク》と結婚した。そして解放後、夫とともに「越北」した。

平壌で「わが父朴泰遠」を発表したチョン・テウンは、二人の間に生まれた次女である。父母の死後も結婚せず、平壌のアパートで小説を書いている女性作家だ。彼女によれば、クォン・ヨンヒは失明した朴泰遠の口述を筆記し、長編小説『甲午農民戦争』を完成させた。朴泰遠は1986年に死去、クォン・ヨンヒは2001年に亡くなった。

平壌の文芸雑誌に発表された回想記「わが父朴泰遠」は、入手できなかった。そのかわりに、朴泰遠の次男・再英による「要約」を参照したい。彼のブログに載っている。

この文章でまず不思議なのは、父親が鄭人澤であることが書かれてないことだ。彼女が8歳だった1956年（鄭人澤の死後3年）に目が覚めると、母親を囲んで話し合う男性2人がいた。2人ともメガネをかけていた。そのうちの一人が「お前のお父さんだよ」と言いながら、朴泰遠を指差したという。クォン・ヨンヒと娘2人は、朴泰遠が長女の雪英と暮らしている家に引っ越した。

平壌の朴泰遠は、京城時代と同様に音楽を愛好した。彼は京城で幼い頃、バイオリンを習った。さらに、朴泰遠は民謡「慶尚道アリラン」を上手に歌った。雪英の夫はテナー歌手で音楽大教授だが、二人で話をしていて、彼よりも音楽の知識が詳しい時があった。解放後、ソウルの家ではさつまいもを食べて空腹を満たす困窮ぶりだったが、それでも朴泰遠は「ビクター」社の中古蓄音機を買い、レコードを聴いていたという。

1977年、失明状態の中で朴泰遠は歴史小説『甲午農民戦争』第1部を完成させた。北朝鮮当局が彼を叙勲し、褒美にステレオとレコード盤を、クォン・ヨンヒには時計を贈った。称賛された小説とはいかなるものなのか。私はまだ読んでいない。朴泰遠研究者たちの文章にもさしたる言及がない。

朴泰遠は娘の手を取って、平壌市内を流れる大同江《テードンガン》の河畔をよく歩いたという。「この瞬間ほど望むものはないほど、私は幸福だった」と娘のテウンは記述した。こういった娘の文章を通じて、私たちは朴泰遠が娘を愛し、平壌でも散策を愛し、音楽を愛したことを知ることができる。京城時代のモダニスト「仇甫《クボ》」は、平壌でも健在だったと言うべきだろうか。

次男・再英は甥のポン・ジュノにある日、「いつかアボジ（父親）を映画にしてくれ」と頼んだという。

ポン・ジュノが何と答えたか。それは書かれていないが、私がポン・ジュノなら、祖父よりも朴泰遠の「二人の妻」の人生を映画にしたい。それほど、この時代の女性たちは時代の荒波に翻弄された生涯を送ったからである。

名門高女を首席で卒業した金貞愛、京城の女給だったクォン・ヨンヒ。この二人ほど、表現者の想像力をかきたてる近代の朝鮮人女性はいない。

ソウルに残された離散家族の物語

ソウルに残された夫人・金貞愛と子供たちは、どうなったのか。朴泰遠の次男・再英が語る「離散家族の物語」も衝撃的である。

金貞愛は、ひたすら朴泰遠の消息を待ち続けたという。

「1980年、兄の一英（米国在住）が米国の図書館で、『鶏鳴山川は夜が明けたか』に掲載された父の写真を、偶然に見つけたんです。兄はその写真を複写して、すぐにソウルのオモニ（金貞愛）を訪ねました」

「オモニが亡くなられたのは、その3週間後の1980年4月21日のことでした。68歳でした」

彼女は街の占い師から「死ぬ前に必ずご主人に会えますよ」と言われるたびに、淡い期待をつないできたという。しかし、夫の写真を息子から見せられただけで、彼女は天に召された。

こういう離散家族の悲哀を、ポン・ジュノはどう受け止めたのか。彼の映画には、そういったことを示唆する言及は見られない。

朴再英によれば、金貞愛は朝鮮戦争（1950年6月25日勃発）でソウルが北朝鮮軍に占領された時、北側の女性連盟の仕事をした。これが韓国軍のソウル再占領（9月28日）後に問題になった。彼女は無期懲役刑の判決を受けた。再審請求によって減刑されたものの、懲役5年の刑に服した。

この事件と判決の背景に、有名人だった夫・朴泰遠の「越北」があったことは疑う余地がない。

「オモニが女性連盟（共産主義団体）で働いたのが、自分の意思だったのか、強要されたせいだったのか、立証する方法などない」と、再英が言う通りである。

南北の軍隊がローラーのように民衆を押しつぶして、半島を往復した悲劇の時代であった。それは朝鮮民衆の隣同士が、北と南に加担し、誹謗し合う行為を誘発した。現在もその伏流が、韓国民の家族史と政治史に続いている。

韓国映画はその悲劇を、古くは兪賢穆《ユヒョンモク》監督の名作『長雨』（１９７９）、最近ではカン・ジェギュ監督『ブラザーフッド』（２００４、原題は『太極旗を翻して』）など多くの作品で再現してきた。映画鑑賞からイデオロギー的観点を捨て去れば、そこには「韓国民衆史の真実」が顔を出すのだ。

朴泰遠の妻・金貞愛は出獄後、健康が優れなかった。重い心臓病を負い、晩年には中風で３度も倒れ、５年間寝たきりで、最後の２年間はまったく話せない状態だった。高等女学校の生徒時代は、明朗快活なバレーボール選手だった「新女性」の悲惨な末期である。

次男が考える朴泰遠とは

「お父さまの『越北』をどうお考えになりますか」

『月刊朝鮮』記者の質問に次男・再英は次のように答えている。

「解放後、文学者仲間だった李泰俊氏らがアボジ（父親）を『朝鮮文学家同盟』の委員長に推薦したのだそうです。その選挙の前日、友達らと酒を飲んで帰る途中、アボジは清渓川に飛び込んだのだそうです。意図的にですよ。それでケガをして、選挙に出ない口実を作ったのです」

「6・25（朝鮮戦争）の時も、『9・28修復（韓国軍のソウル再占領）』の直前の9月20日、南朝鮮文学家同盟平壌視察団の一員として平壌を訪問し、ソウルに戻れなくなりました」

「アボジは北韓におられた時も、理念（イデオロギー）の枠に縛られなかったと言われています。共産主義を信奉していたら、それを称揚する文章を残すでしょうが、アボジは歴史小説しか書けなかった」

この答えの当否を、朴泰遠の作品を知り尽くしているわけではない私が、判断する資格はない。生涯をかけて、ひたすら「アボジの真実」を追い続けてきた再英の述懐を尊重するだけである。

本章の前半（118頁）で記したように、朴泰遠には兄（震遠）、弟（文遠）、妹（璟遠）がいた。弟と妹は越北した。

ソウルに残ったのは、朴泰遠の妻（金貞愛）、朴泰遠の兄（震遠）、朴泰遠の次男（再英）、次女（小英、ポン・ジュノの母親）、三女（恩英）である。朴泰遠の長男（一英）は既に記したように、1969年に米国へ移住したため、次男の再英が母親の晩年を看取った。

このあたりの家系図模様は、とても複雑である。しかし戦争と内乱に収奪された20世紀の東アジア社会では、多くの家庭で見られたことでもあった。台湾人は、戦後の内省人（台湾人）と国民党とともに渡来した外省人の対立を解消しつつあるが、朝鮮半島の場合、南北分断の固定化によって「韓国人の分裂」は現在まで修復されておらず、北朝鮮の核開発によって、さらにこじれる様相にある。

朴泰遠の兄である震遠は、ソウル近郊の水原《スウォン》市で薬局を経営してきた。京城帝国大学朝鮮薬学科を卒業した震遠は、朝鮮戦争の際、弟妹（泰遠、文遠、璟遠）の3人が越北し、さらに自身の長男・商建《サンゴン》も越北したため辛酸をなめざるをえなかった。「共愛堂」という薬局の看板も「城南薬局」に変えた。「共」という文字が誤解を受けるのを恐れたためである。震遠は1980年に亡くなった。

伝えられている商建の「越北逸話」は、いささか「劇的な装飾」がある。

再英によると、商建は朝鮮戦争の勃発時はソウルの名門・培材《ペジェ》高校3年生で、スケートと卓球の選手として有名だった。彼は人民軍義勇兵として入隊した。北側の従軍記者になっていた朴泰遠が、中朝国境の鴨緑江流域で起きた「恵山鎮《ヘサンジン》戦闘」で死んだ韓国軍、北朝鮮軍、米軍、中国軍の兵士の死体が転がる中で、生きている兵隊を見つけた。それが甥の商建だったという。商建はその後、北朝鮮で体育大学教授になったという。

この逸話は北朝鮮発の情報であろう。兄弟が戦場で偶然に遭遇する韓国映画『ブラザーフッド』の一場面を思わせて、にわかに信じがたい。商建が銃弾摘出の手術後、「従軍記者団の乗ったジープを運転して朴泰遠らを送り届けた」というあたりになると、まさに噴飯ものである。

朴一英の次男・商郁《サンオク》は延世大学化学工学科を卒業後、製薬会社「鐘根堂」に勤務したが、彼ものちに米国に移住した。そして三男の商佑《サンウ》も米国で漢医学博士号を取り、ロサンゼルスで漢方薬医院を経営している。南北朝鮮の離散家族とともに、米国への移民家族が多いのも、この世代の韓国人の特徴である。

ポン・ジュノと「離散家族」

これで、朴泰遠の世代とその子息たちの家族史のフォローアップをひとまず締めくくる。要約して言うと、以下のようになる。

①朴泰遠の生涯は、日本の「韓国併合」時に始まった。その青春は日本統治下の近代化とともに進行し、朴泰遠はモダニズム、考現学、映画《シネマ》のエキスをたっぷりと吸収した。

②朴泰遠の「解放前後」は思想的に揺れ動いたが、友人や親族たちは次第に左傾化し、彼の「越北」の誘因となった。

③平壌での朴泰遠は「南労党粛清」の荒波をくぐり抜け、歴史小説家として名を残した。平壌では新しい家庭を作り、病苦と戦いながらも、家族に見守られて晩年を過ごした。

④ソウルに残された朴泰遠の一族は、朝鮮戦争後も苦難の道を歩んだ。妻の金貞愛は夫の帰還を待ちわびながら、失意のうちに亡くなった。

では、このような祖父の時代の家族史《ファミリーヒストリー》は、ポン・ジュノによってどのように認識されているだろうか。

すでに指摘してきたように、ポン・ジュノは映画の中でもインタビューでも、ほとんど彼の家族史を語っていない。ポン・ジュノが有名な映画監督になるにつれ、家族に関する韓国人記者の質問が増えたが、祖父・朴泰遠の「越北」から始まった苦難の離散家族史に関しては、おざなりの取材で済まされている。

本章で記述したような家族史をもとに、ポン・ジュノに詳細なインタビュー取材を試みた例を私は知らない。ポン・ジュノ自身のわずかな述懐も、記者たちによって軽くスルーされているのが実情である。

ポン・ジュノはある韓国人記者の質問に答えて、次のように語っている。これが朴泰遠に関するもっとも詳しい彼の感慨の表明だが、他のインタビューと同様に詳細な言及ではない。

「正直に言って、祖父は童話の中の人物のような感じです。うちの家族は離散家族で、祖父は北韓（北朝鮮）で亡くなられました。母は5人きょうだいで、母方の祖父と、父方の祖父の兄は「6・25」（朝鮮戦争）の際に北側に行かれました。うちの母と4人の兄妹が南韓に残った。戦争の痛みにさらされたのです。『有名な小説家だ』。こんな話を聞いて育ち、高校の小説の時間に『九人会』が出てくるので、不思議だなあと思った。写真を見ながら『俺と似ているところがあるかな』と考えたりした。

見た目には似たようなところもある。私は母方のほうに似ているのと言われるのですが、(祖父には)会ったこともないし、何の記憶もありません。兄貴は英文学を専攻し、私は(美術専門家の)父親の影響を、よりたくさん受けたようです」(2019年6月2日インタビュー)

ここでは、ポン・ジュノが「母方(の先祖)に似ている」というくだりが興味深い。朴泰遠とポン・ジュノの作風を比較して、祖父と孫にはよく似た個性があるのがわかった。祖父が「童話の中の人物」であるというポン・ジュノの回答は、額面通りには受け取りがたい。

彼が敬愛するマーティン・スコセッシ監督が構想に30年をかけた『ギャング・オブ・ニューヨーク』(2002)のような民族史、家族史映画を見てみたい。

ポン・ジュノの家族史映画

祖父・朴泰遠の「越北」が離散家族になった一族にとって苦難の根源であったことは、その長男や次男が残した記述からも明らかである。平壌での祖父の消息はポン・ジュノの叔父・一英の訪北（1990）や再英の探索を通じて、次第に明るみに出てきた。ポン・ジュノの母親の小英は、ソウルに残された朴泰遠の子供の中では一番年上である。「越北」当時の事情について、弟の一英が彼女に問い合わせるほど頼りにされていた。

南北離散家族問題は、1985年からソウルで記者活動を始めた私にとって、大きな取材テーマの一つだった。同年9月、「南北離散家族故郷訪問・芸術団公演」という形で、初めて離散家族の再会が実現した。離散家族と芸術団がソウルと平壌を相互訪問した。語学留学生だった私もソウル・ウォーカーヒルホテルの再会場で取材したが、涙にくれる離散家族の姿を前にして、取材メモを握りしめるしかなかった。

どの家庭にも、他人には話さず、家族の中だけで語られてきた「秘話」というものがある。本章に記述した程度のことは、ポン・ジュノも十分に承知していると見るのが適正だろう。彼は、まだ語らずにいるだけだと思われる。

その一方で、「離散家族史」を赤裸々に語っている作家もいる。

1980年代の人気小説家・李文烈《イムニョル》（1948年生まれ）である。彼は、離散家族の苦闘を赤裸々に表現してきた表現者である。農業経済学の大学教授だった父親の李元喆《イウォンチョル》は南朝鮮労働党員であり、朝鮮戦争が起きると、妻や子供5人を置いたまま「越北」した。李文烈は母親とともに慶尚道一帯を転々として、少年時代を過ごした。中学、高校、ソウル大学をいずれも中退。その彷徨の日々は自伝的小説『若き日の肖像』（根本理恵・長谷川由紀子訳、柏書房、1992）などに詳しい。

「越北」後の父親は、南労党系への粛清を生き延び、地方で貧しい農民として暮らした。李文烈はようやく探し当てた父親からの手紙でそのことを知った。韓国に残された家族は「アカの家族」として、警察の監視対象になり、社会的迫害を受けた。夫が北朝鮮で再婚したという消息を伝え聞いた母親は、その後、夫について一言も語らなかった。李文烈の「左翼に対する嫌悪心」が、このような体験から生じたことは想像に難くない。

朴泰遠は、平壌でも歴史小説家として作品を残し、新しい家族に看取られて生涯を終えた。そういう意味では、李文烈の父親の悲惨な晩年とは対照的である。

ポン・ジュノは朴正煕政権時代の1969年に生まれた。当時は「反共」の時代であった。彼の叔父・一英（朴泰遠の長男）は、その1969年に米国に移住した。「越北家族」に連座制の試練があった時代である。長男の移住の背景に何があったのか、依然として詳細は不明である。

1988年に越北作家の作品が解禁されるまで、ポン・ジュノの一族は不自由な時代を過ごした。個人史は、その「時代背景」とともに考察しないと、その真相に近づけない。真相がわかるまでには、多くの時間が必要である。

ポン・ジュノが米アカデミー賞4冠を獲得した2020年、彼は50歳代という人生の壮年期を迎えた。今後の作品候補としてポン・ジュノは、「恋愛劇」「歴史劇」を挙げたことがある。彼がどのような「家族史」を韓国映画史に残すのか残さないのか、強い関心を持つのは私だけではあるまい。

第4章

韓国映画産業の現在

——新興の文化帝国「ＣＪエンタメ」

韓国映画『パラサイト　半地下の家族』（２０１９）の米アカデミー賞４冠は、世界の映画界に衝撃を与えた。

非英語圏初の作品賞だっただけでなく、仏カンヌ国際映画祭パルムドール受賞に続く栄誉は、デルバート・マン監督『マーティ』（１９５５）以来、64年ぶりの快挙だった。

前章まで、ポン・ジュノの本質を「資質」「成長過程」「ＤＮＡ」の三つの軸から考察してきた。

本章では、ポン・ジュノの映画製作を支援してきた韓国企業ＣＪの副会長イ・ミギョンに焦点を当て、韓国映画産業の現在を照射したい。

米アカデミー賞４冠の理由

「なぜ『パラサイト　半地下の家族』（以下、『パラサイト』）は、米アカデミー賞４冠を取れたのか」

さまざまな分析が行われたが、ここでは日本大学映画学科教授・古賀太（映画史）の指摘を紹介した上で、本論の考察に進みたい。古賀は朝日新聞文化企画局、同編集局文化部記者の出身であり、世界映画界のトレンドに詳しい。

古賀によれば、四つの論点がある（要約）。

①非白人、女性、若手が次々と米アカデミー会員になった

２０１２年２月当時、５７６５人の米アカデミー会員（名簿は非公開）のうち、94％が白人、男性は77％、平均年齢は62歳だった。これを『ロサンゼルス・タイムズ』が暴露し、その後「白すぎるオスカー」への批判運動や性差別告発の「＃ＭｅＴｏｏ」が展開された。２０２０年２月時点の会員数は約９０００人であり、新規会員の多くが『パラサイト』を支持したようだ。

『パラサイト』のアカデミー賞作品賞受賞に沸くポン・ジュノ監督（中央）と出演者たち。2020年２月９日、米ハリウッド（ロイター＝共同）

②エンタメと社会性を共存させる演出

『グエムル　漢江の怪物』（２００６）でわかるように、ポン・ジュノ監督はエンタメと社会性を共存させる演出ができる。

③財閥系企業「ＣＪ」によるキャンペーン

韓国の新聞『ハンギョレ』によれば、オスカー受賞のため１００億ウォン（約９億２８００万円）を宣伝キャンペーンに投じた。

④映画配信の普及で、米国人観客が外国語字幕に慣れた

米国では外国語映画は吹き替え上映が普通だったが、「Ｎｅｔｆｌｉｘ」などの配信系サービスの普及によって、字幕入り映画に慣れてきた。

以上の４点を踏まえた上で、古賀は「いくつものタイミングが重なって、今回の大金星が生まれた」と分析した。古賀の文章には「作品賞映画が一番質の高い作品とは限らない」との一節がある。彼の本音をのぞかせていておもしろい。

東アジアの新興文化帝国

古賀が指摘した４点のうち、②「ポン・ジュノの力量」については、本書で第１章から詳細に言及してきた。①「米アカデミーの変化」や④「配信系サービスの普及」については、すでにほかの論者によっても言及されてきた外在的な事柄である。

本章では③の「韓国財閥系企業『ＣＪ』」について詳述する。

日本の韓国映画論では、この点に関する研究が不十分である。音楽（Ｋポップ）や食品を含めて展開される「韓流」の産業構造を把握するためにもこの点は重要だ。

結論から書いておこう。

『パラサイト』の米アカデミー賞４冠は、現代韓国の「新自由主義」と「文化強国」志向が結合した事件である。ポン・ジュノは「文化立国」の政策下に、また、「ヘル朝鮮」（地獄のような朝鮮）の現実下に成長した映画怪物《グエムル》である。彼はサムスン財閥系企業ＣＪの資金力を得て変態《メタモルフォーゼ》し、世界進出を果たした。

サムスン財閥系第一製糖（ＣＪ）グループは、「韓流」普及戦略の総本山である。ＣＪはＩＭＦ危機以降、大型シネコンを韓国各地に林立させ、韓国映画への投資と配給に乗り出し、韓流の世界覇権を目指している。その中心人物が、イ・ミギョン（ＣＪ副会長）という「小さな巨人」だ。ＣＪは21世紀前半、東アジアに登場した新興の文化帝国である。

授賞式の感動スピーチと〝ハプニング〟

２０２０年2月9日（現地時間）、米ロサンゼルスのドルビー・シアター。第92回米アカデミー賞授賞式で、『パラサイト』が作品賞など4冠に輝いた時、一人の女性が脚光を浴びた。ＣＪ副会長のイ・ミギョン（１９５８年生まれ）である。ポン・ジュノを授賞式の主演男優とするなら、彼女は「影の主演女優」であった。『パラサイト』の受賞シーンは、一編の映画のように劇的だった。10日（日本時間）夜、私はロスからの中継録画で見た。まずは脚本賞でのスピーチ。

「ありがとう！　光栄です。シナリオを書くのは孤独で、寂しい作業です。国を代表するわけではありませんが……、これは韓国初のオスカーです。ありがとう。いつも多くの霊感を与えてくれる妻に感謝しています。セリフに命を吹き込んでくれた出演者たちにも感謝します」

ポン・ジュノのあいさつは、十分に練り上げられていた。「シナリオを書くのは孤独で寂しい作業」「国を代表するわけではありません」。ここがポイントである。チョン・ソンヨン夫人に対する謝辞は、映画作りが二人の共同作業であることを印象づけた。ポン・ジュノはこれまでも「妻が（シナリオの）最初の読者だ」と言ってきた。出演者には「セリフに命を吹き込んでくれた」とお礼を述べた。完璧な受賞あいさつに近い。

「国際長編映画賞」の受賞に際して、ポン・ジュノは「外国語賞から国際映画長編賞に変わり、最初の受賞作品となりうれしい。その名が象徴するオスカーの方向性に支持と拍手を送ります」と述べた。これはハリウッド（米国・白人）中心のアカデミー賞が変容しつつあることへの賛辞でもある。ポン・ジュノはソン・ガンホら出演者、撮影監督の名前を挙げ、製作会社のバルンソンＥ＆Ａ、国内配給会社ＣＪエンターテインメント、米国配給会社ＮＥＯＮにも感謝した。

もっともエキサイティングなあいさつは、「監督賞」受賞の際に見られた。

「最も個人的であることが、もっともクリエイティブである」

すでに第1章で私が引用した名セリフだ。「これは誰の言葉かと言うと」。ポン・ジュノはこう前置きして、客席にいるマーティン・スコセッシ監督の名前を挙げた。テレビカメラがスコセッシの表情を映し出す。感激したように顔を紅潮させた老練監督は、両手を合わせて感謝する仕草をした。会場から大きな拍手が沸いた。さらにポン・ジュノは、クエンティン・タランティーノ監督の名前を挙げた。「クエンティン、愛してるよ!」

国際的な映画監督として浮上したポン・ジュノの真骨頂が、発揮された瞬間だった。彼は韓国・大邱《テグ》の少年時代から、アメリカ映画を米軍放送(AFKN)で見て育った映画マニアである。タランティーノは韓国映画が世界的《グローバル》でなかった頃から、釜山国際映画祭を再三訪れてきた米国映画人である。

起、承、転……結。だが、最後の「作品賞」授賞式が意外な展開になった。

製作会社バルンソンE&A代表のクァク・シネが話し始めた。清楚な印象の中年女性だ。「言葉が出ません。想像もできなかったことが起こりました」「アカデミー会員の方々に敬意と感謝を表します」。ここまでは型通りだった。

続いて、小柄な老婦人が話し出そうとした瞬間、照明が落ちた。舞台が暗転した。立ち尽くす司会者ジェーン・フォンダの姿をテレビカメラが映し出す。次の瞬間、客席中央の最前列にいたトム・ハンクスら米国人俳優たちが、両手を上下させて「アップ、アップ」と叫んだ。

照明がともり、あいさつが再開された。小柄な老婦人は、『パラサイト』のチーフ・プロデューサー（ＣＰ）のイ・ミギョンであった。彼女はサムスン財閥系企業ＣＪの副会長である。そして、彼女の少し長すぎたあいさつが、ロスからの中継放送を見守っていた韓国でも、少なからぬ波紋を呼んだ。

イ・ミギョンとは何者か。

サムスン創業者の孫娘イ・ミギョン

イ・ミギョンは、サムスン財閥の創業者である李秉喆《イビョンチョル》の孫娘である。

彼女は、出演俳優たちに取り囲まれて、流暢《りゅうちょう》な英語で次のようにあいさつした。

「ポン・ジュノ監督に感謝します。ありがとう。笑顔もボサボサの髪型も、話し方も、歩き方も、監督の手腕もすばらしい」

アカデミー賞授賞式に登場した、ＣＪ副会長イ・ミギョン（写真中央）。2020年２月９日、米ハリウッド（AFP＝時事）

（この老婦人は誰だっけ？）

「特にユーモアのセンス。自分を笑いのタネにできる人。本当にありがとう」

少し変なあいさつだ。

次のくだりが特に、韓国内では違和感を呼んだ。

「夢を追いかけろと支えてくれた私の弟。不可能に見えても応援してくれた。ジェイに感謝します」

ジェイとは彼女の実弟であり、ＣＪ会長の

イ・ジェヒョン（李在賢）のことである。

彼女は最後に、韓国の映画ファンに感謝した。

——「韓国の映画ファンなくして、この受賞はありえません」——

これらのスピーチに翌々日の進歩系新聞『ハンギョレ』が、「CJ副会長がなぜ受賞の感想を?」とかみついた。同紙はアンチ財閥の論調で知られる。

「イ・ミギョン副会長が受賞の感想を述べたことが物議を醸《かも》している。イ副会長はかなり長い感想を語った。テレビ視聴者の間からは『あの人は誰なのか』という疑問とともに『俳優と監督の代わりに、あえて、あのように出て来なければならなかったのか』という批判も出ている」

これは、かなり意地悪な記事である。同紙は批判派、弁護派、中間派の3人の映画評論家を登場させた上で、「大手企業中心の映画界の現実を物語る」と論評した。

中間派の『韓国日報』など多くのメディアが国内SNSの反応を引用し、イ・ミギョンのスピーチへの違和感を伝える記事を書いた。

イ・ミギョンは『パラサイト』のチーフ・プロデューサー（CP）である。だから「作品賞」受賞の席に、彼女が出てきても不都合ではない。なぜ、このような混乱が生じたのか。

韓国映画ファンの眼前に、イ・ミギョンがこれほど大々的に登場したのは、初めてだったからである。彼女は『殺人の追憶』（2003）以来、ポン・ジュノの映画を製作支援してきた。『パラサイト』が最高賞のパルムドールに輝いた仏カンヌ国際映画祭にも同行していた。しかし、業界関係者には畏怖されていても、企業名「CJ」はよく知られていたとしても、彼女自身は一般大衆に顔なじみのある有名人ではなかった。

その一方で、韓国メディアは彼女の業績を絶賛し、海外メディアも報道した。

米エンタメ誌『バラエティ』（2020年3月8日号）は、『パラサイト』出演女優のほか、イ・ミギョンの名前を特筆した。「CJメディア部門が25年前に創設された当時、韓国の映画界は資金調達に困難を味わっていた」と回顧し、彼女の功績を高く評価した。これは、まっとうな評価である。

母国での思わぬ反応に、製作会社バルンソンE&A代表のクァク・シネが動いた。映画記者出身の彼女は翌日、「イ・ミギョン副会長のあいさつは、前もって決めておいた。それで私のスピーチを極力短くしたのです」と弁明するフェイスブック記事を書き、波乱を収めようとした。それほど韓国という国は、財閥の一挙手一投足が注目される社会である。

クァク・シネは１９９０年代に活発な映画批評を行った雑誌『Ｋｉｎｏ』（２００３年廃刊）の記者出身だ。兄が釜山を舞台にした悲痛な青春映画『友へ　チング』（２００１）のクァク・キョンテク監督であり、夫はチョン・ドヨン主演の不倫映画『ハッピーエンド』（１９９９）のチョン・ジウ監督である。この20余年間で韓国映画の厚い人脈が形成されたことが、彼女の家族関係、婚姻関係からもわかる。

サムスン財閥１００年史

周知の通り、イ・ミギョンが血統をひくサムスン財閥は、韓国を代表する企業である。創業者の李秉喆は韓国併合の１９１０年２月12日に生まれ、１９８７年11月19日にソウルで亡くなった。

ポン・ジュノの祖父・朴泰遠《パクテウォン》も、１９１０年１月６日に生まれ、１９８６年７月10日に平壌で死亡した。二人は同時代を生きた朝鮮人である。一人は韓国を代表する企業家として生涯を全うし、もう一人は韓国ではモダニズム作家、北朝鮮では歴史小説家という二つの顔を残した。

李秉喆の孫娘イ・ミギョンは１９５８年４月８日、父母が滞在中の米ミシガン州で生まれた。ポン・ジュノはその約10年後の１９６９年に生まれた。

李秉喆が生まれた慶尚南道宜寧《ウリョン》郡正谷《チョングク》面中橋《チュンギョ》里は、３００戸あまりの僻地の村だった。そこからは解放後に共産ゲリラの拠点になった智異山《チリサン》が見える。１９７０年代には、人口移動の最も少ない地域として米ハワイ大学が調査したほど、地勢の険しい山村である。

この周辺の地域で李秉喆のほか、具仁会《クイネ》（１９０７年生まれ、金星《グムソン》〈ＬＧ〉創業者）や趙洪済《チョホンジェ》（１９０６年生まれ、暁星《ヒョソン》創業者）らの財閥総帥が生まれた。３人はほぼ同じ時期に智水《チス》国民学校（晋州《チンジュ》市）に通ったという因縁のある地域だ。

大地主の家庭の次男として生まれた李秉喆は、旧制京城中学を中退後に日本に渡り、早稲田大学専門部（政経学科）に入学した。父親が亡くなったため中退して帰国し、馬山《マサン》で友人と精米所の事業を始めたが失敗した。１９３８年に大邱《テグ》で三星《サムスン》商会（三星物産の前身）を設立し、干物や果物を満州へ輸出したのが、現在のサムスン財閥の起源である。

イ・ミギョンのＣＪグループは１９５３年８月、サムスングループ初の製造業として第《チェ》一製糖《イルジェダン》（ラテン語表記「Cheil Jedang」）が設立されたことに始まる。食品工業分野では韓国のトップ企業だったが、１９９３年になってサムスングループから分離された。

この背景には、韓国財閥に特有な「骨肉の争い」が見られる。

李秉喆には、長男の孟熙《メンヒ》（１９３１年生まれ）、次男の昌熙《チャンヒ》（１９３３年生まれ）、三男の健熙《コンヒ》（１９４２年生まれ）という3人の息子がいた。しかし後継者問題が難航し、李秉喆は結局、三男の健熙に事業を承継させたのである。イ・ミギョン（１９５８年生まれ）とイ・ジェヒョン（１９６０年生まれ）姉弟は、後継者争いに敗れた長男・孟熙の子供たちである。

孟熙の失脚過程では、彼が現場指揮したと言われる「サッカリン密輸入事件」（１９６６）が重要だが、その真相は今もって明らかでない。孟熙は経営の第一線から退いた。父親が死ぬと、遺産相続を巡って弟の健熙を訴えたが、２０１５年8月、ガン療養中の北京で死去した。光芒と暗黒が交錯するのが、韓国財閥史の実態である。

祖父の李秉喆について、イ・ミギョンは次のように語っている。

「お祖父さまは事業というものを、ただ一度も『楽に過ごすためにカネを儲ける』などとおっしゃったことはなかった。新しい産業を起こし、働く場所を作るためである。それが事業報国であり、事業の目的であると述べられた。その教えが私たち姉弟に引き渡された遺産であり、その哲学が私たちのＤＮＡである」

事業報国、遺産、ＤＮＡという単語が目を引く。

「CJ」の野望

李孟熙《イメンヒ》の長女として生まれたイ・ミギョンは英語、中国語、日本語を駆使する。京畿《キョンギ》女子高校、ソウル大学家政管理学科を卒業後、米ハーバード大学大学院（東アジア地域研究）で修士、上海の復旦大学大学院（歴史教育学）で博士号を取得した。

彼女が韓国文化に関心を持ち始めたのは、ハーバード大学に在学中だ。同大学大学院の東アジア地域研究分野では、中国学、日本学、韓国学、モンゴル学など多様な地域研究が行われていた。しかし中国学や日本学が人気を集める一方、韓国学の授業に参加する学生は15～20人程度にすぎなかったという。韓国人としての自尊心を傷つけられた彼女は、1年半にわたり無給のTA（ティーチング・アシスタント）を志願し、学生たちに韓国語を教えた。彼女が「ミッキー・リー」と呼ばれるようになるのは、この頃からだ。

イ・ミギョンは1994年、サムスン・アメリカの理事になり、ニューヨークにいた。企業人として最初の大仕事が、映画だったのは運命的である。

1995年、米スティーブン・スピルバーグ監督のドリームワークスSKGに3億ドル（持ち株比率11％）投資したことで、米国の映画業界に本格参入したのである。当時、スピルバーグ側はサムスン総帥の李健煕会長に投資を持ちかけたが、彼が半導体にしか関心を示さなかったため、交渉は決裂した。そこに登場したのが、交渉経過を見守っていた同一財閥のCJである。

当時、CJ常務だったイ・ジェヒョンが、米国で同行した姉のイ・ミギョンに向かって、断固とした口調で言ったという。

「姉さん、これからは文化だ。それが僕らの未来だ」

韓国のCJ研究本に載っている逸話だ。この通りではなくとも、似たような経緯はあったのだろう。サムスン系新聞『中央日報』（2006年10月15日）には、別の表現が登場する。イ・ジェヒョンは飛行機の中で、次のようにイ・ミギョンに語ったという。

「シネコンを作り、映画製作・配給社、ケーブルテレビ網を作るんだよ」

そして二人は、この日の決意を着々と実現していったのである。

ドリームワークスSKGは1994年、ディズニー製作部門のトップだったジェフリー・カッツェンバーグが退社して、スピルバーグやデヴィッド・ゲフィン（レコード会社経営者）を誘って設立した映画製作会社である。「SKG」は3人の設立者の頭文字をとった。イ・ミギョンは、同社の映画のアジア配給権（日本を除く）を取得した。

3億ドルの投資額は、CJの売り上げの20％に相当する巨額だった。若き日を回顧して、イ・ミギョンはいくつかの「名言」を残している。

「幼い頃から困難を克服してゆくのが人生だと思ってきた。困難を楽しむわけではないが、悲観はしない」（２００５年の発言）。これは悲惨だった父親の人生を見てきた娘としての心情を想起させる。

「韓国の文化植民地」

イ・ミギョンには、看過できない「妄言」がある。

２００６年10月、ニューヨークで開かれた「世界女性賞経営部門」授賞式直後のインタビューでの発言は、韓流シネマへの投資目的をめぐって疑念を抱かせる内容だ。彼女が発した「韓国の植民地」という言葉には、ぎょっとさせられる。

「アジア市場だけでも、『韓国エンターテインメントの植民地』にしてみたい。アジア人すべてが韓国映画とドラマを見て、韓国料理を食べるのが日常になる日を見てみたい」

韓国による文化侵略を構想し、推進するかのような発言である。こういったコメントが韓国内で問題になることもなく、サムスン系の新聞『中央日報』の記事（２００６年10月15日）で紹介されている。

この記事によると、イ・ミギョンは周辺の人々に「韓国特有のエネルギッシュな文化を世界市場に商品として送り出すのが夢」であると語ってきた。しかし「当分はアジア市場に集中する」という戦略だ。「今はマーケットを作るのが重要であり、アジアは現実的な市場である」と語っている。

最近の韓国人には「大きな韓国」への欲望がある。それは韓国が「民主化」「ソウル五輪」を同時期に達成した1980年代後半から表れてきた傾向だ。

「高句麗」が中国史と朝鮮史のいずれに属するかをめぐって、中国歴史学界と対立した「高句麗論争」（東北工程論争）もその現象の一つである。2006年前後の出来事だ。ある韓国政府高官は当時、「大東亜共栄圏は日本が主導したから失敗した。わが国が中心になって行えば、成功する」と述べて、私を驚かせた。

文化帝国主義と植民地主義。イ・ミギョンが米国や中国で東アジア史を学んだ経験が逆に、彼らの文化拡張志向につながっている可能性がある。これはイ・ミギョンがハーバード大学で感じた「民族的な傷心体験《トラウマ》」から来る反動現象として理解できる事柄だ。

「世界中の人が毎年2、3本の韓国映画を鑑賞し、毎月1、2回は韓国料理を食べ、毎週1、2本の韓国ドラマを見て、毎日1、2回は韓国ミュージックを聴く」

それがイ・ジェヒョンCJ会長の夢である、と『アジア経済新聞』（2020年2月10

日）は伝えている。

ＩＭＦ危機と韓国映画

韓国映画『国家が破産する日』（チェ・グクヒ監督、２０１８）は、１９９７年のアジア金融危機における韓国の国家破綻と、「その後」を描いた作品である。

映画には金泳三《キムヨンサム》・金大中《キムデジュン》政権時に、韓国民が遭遇した明暗がリアルに再構成された。若手金融マン（ユ・アイン）は危機の到来を察知して会社を辞め、投資ファンドを設立して勝負に出る。予測が的中して巨額の利益を得ると、今度はマンションを安値で買いあさった。零細食器工場の社長（ホ・ジュノ）は、有名デパートとの契約に成功して約束手形を受け取るが、それは不渡りになってしまい、知人が自殺する。20年後、金融マンのファンドは銀行に成長し、零細工場の社長は外国人労働者を酷使する老人に変貌した……。映画には、解体された財閥や倒産企業名が実名で登場し、当時のテレビ画面が頻繁に挿入される。

１９９７年末に33行あった銀行は、５行が整理され、２行が海外売却、さらに合併によって５行が減少し、99年末までに23行になった。現在、韓国都市銀行のトップセブンのうち2行がほぼ外国資本であり、４行の外国資本占有率が50％を超えている。

韓国映画界にも金融危機が直撃した。韓国で初めて映画上映が行われた鍾路《チョンノ》の映画館「団成社《タンソンサ》」など、多くの老舗映画館が破綻した。１９８０年代以降、映画の製作・投資に乗り出していた大宇《デウ》、鮮京《ＳＫ》などの財閥企業は撤退し、三星《サムスン》物産の「三星映像事業団《サムスンピクチャーズ》」も解体された。

金融危機を経て、逆に事業拡大したのが、イ・ミギョン姉弟のＣＪである。スピルバーグ監督らのドリームワークスＳＫＧに巨額投資し、映像志向を強めていたことが幸いした。『国家が破産する日』は、ＣＪエンターテインメントが投資・配給した映画だ。ＩＭＦ（国際通貨基金）の介入に至る韓国政府や韓国銀行内の動向は、フィクションである。財政当局の官僚たちを「悪役」に仕立て、韓国銀行の女性チーム長（キム・ヘス）を「正義」に設定し、財閥と米国、官僚たちの結託を糾弾する映画である。進歩派の文在寅《ムンジェイン》政権になって公開されたことで、論議を呼んだ。

東亜日報が発行する月刊誌『新東亜』（２０１９年2月号）は「朴槿恵《パククネ》時代には産業化映画、文在寅時代には民主化映画」と、ＣＪを痛烈に皮肉った。この記事ではＣＪの映画作りの手法を、文明評論家カン・ジュンマン（全北《チョンブク》大学教授）の著書を引用して、国民間の憎悪をあおる「憎悪産業主義」と批判したのが注目される。

シネコン時代の開幕

韓国映画史的には、ＩＭＦ主導の経済改革が進行する中で、ＣＪが韓国初のシネマコンプレックスの建設を強行したことが重要である。

韓国財閥の映画産業への進出は１９８０年代から始まっていたが、金融危機が進行する中で、大宇財閥は映像音楽事業部を解体し、シネコン計画の放棄を決定していた。ＣＪ映画事業部の担当者らは、韓国映画業界のパワーマンであるカン・ウソク監督らと協議を続けていた。とりあえず彼らが得た結論は「映画館経営と配給はカネになる。映画製作はカネにならない」だった。

１９９８年4月4日、ＣＪグループの複合映画館《シネコン》「ＣＧＶ江辺《カンビョン》」（広津区《クァンジン》）が開業した。地下鉄2号線「江辺」駅前に建設された35階建ての高層商業ビル「テクノマート江辺」の10階にあり、11の大小スクリーンと約２０００席の客席を装備した超近代的な映画施設である。これを機に韓国映画の「シネコン時代」が開幕する。

韓国映画１００年史の観点から見れば、朝鮮初の映画『義理的仇討』上映（１９１９）、初のトーキー映画『春香伝』上映（１９３５）と同様に、時代を画する出来事であった。

１９９８年の韓国映画界は鳴かず飛ばずの状態だった。韓国映画の公開本数は43本であり、外国映画244本のわずか17％に留まっていた。

しかし、翌1999年2月13日、韓国映画界を劇的に変貌させる映画が公開された。カン・ジェギュ監督『シュリ』である。

南北諜報員の暗闘を描いた映画は、大型画面の音響に優れたシネコンで見るにふさわしい「韓国型活劇映画《ブロックバスター》」だった。『シュリ』は国内の観客動員数620万人（推定）という韓国新記録を達成した。当時の全国スクリーン数は800程度であった。現在のスクリーン数が3000前後である。単純に3・75倍すると、2325万人になる。いかに『シュリ』が爆発的な動員力を持っていたかを推測できる。

『シュリ』は、シネカノン、アミューズの配給で日本でも公開され、観客動員数130万人の新記録（当時）を達成した。

『シュリ』が、1999年に解体された三星映像事業団による最後の配給作品であることに注意したい。

同事業団が1993年12月、初めて国内映画に投資・配給した映画を、私はソウルで見ている。国民的俳優の安聖基《アンソンギ》主演『あの島に行きたい』（パク・クァンス監督）だ。興行的には散々だったが、その頃の営為がIMF危機を越えて、『シュリ』の投資・配給に結実したわけだ。この映画には、助監督としてホ・ジノ（『八月のクリスマス』1998）

のほか、イ・チャンドン（『ペパーミント・キャンディー』１９９９ほか）など、新時代に活躍する若手がいたのも意義深い。

三星映像事業団は43名の精鋭集団だった。団長のチェ・ワンは団解体後、クァク・ジェヨン監督の秀作『猟奇的な彼女』（２００１）を発掘し、シネマサービスで配給した。シヨーボックスが配給した『ブラザーフッド』（２００４）を製作したカン・ジェギュフィルムの代表チェ・ジンファも、同事業団出身である。

ＣＪは２０００年、「ＣＪエンターテインメント（略称はＣＪＥＮＭ、以下、ＣＪエンタメ）」という新規法人を出奔させた。彼らは「映画製作予算運営ガイド」というマニュアルを作り、旧態依然の映画業界に持ち込んだ。何よりの成果は、映画収益の精算と分配に関するシステムを構築したことだ。しかし『猟奇的な彼女』『ブラザーフッド』など大ヒット作の配給権は、ことごとくライバル他社に取られ、ＣＪ関係者は自らの悲運を嘆いていた。

ポン・ジュノ『殺人の追憶』が登場するのは、このようにして韓国シネコン市場が充実してきた２００３年のことである。ＣＪが投資し、配給した。ポン・ジュノは、シネコン創始期にふさわしい大型新人であり、その個性的な資質と作風は観客を魅了するシネコンの時代にふさわしい監督だった。

ポン・ジュノの世界進出においても、韓国映画界にはいくつかの失敗例があった。

その一つがカン・ジェギュ監督『マイウェイ　12,000キロの真実』（２０１１）である。韓流スターのチャン・ドンゴンが主演し、日本のオダギリジョーと共演した戦争アクション映画は、ＣＪが３００億ウォン（当時のレートで約22億円）を投じた大型映画だったが、史実との乖離《かいり》が目立ち、興行的にも不振だった。

パク・チャヌク監督のハリウッドデビュー作『イノセント・ガーデン』（２０１３）は英米合作映画だったが、韓国内の興行成績が振るわなかった。

したがってポン・ジュノ『パラサイト』による世界制覇は、この先輩監督たちの失敗と、『スノーピアサー』（２０１３）、『オクジャ』（２０１７）の苦い経験の上に築かれた「三度目の正直」であると言える。

「ＣＪエンタメ」の黄金時代

チョン・テソンは韓国映画界の「神話的人物」である。

もともとＣＪのライバル会社ショーボックス在職当時に、『ブラザーフッド』（２００４）や『グエムル　漢江の怪物』（２００６）を製作・配給した辣腕プロデューサーだ。

彼は2003年7月にショーボックス常務に就任すると、業界8位だった同社をたちまちトップに押し上げた逸材である。

チョン・テソンの信念は「映画は賭博ではない」であり、好きな言葉は「クリエイティブ」だ。CJはその彼をショーボックスから引き抜き、映画事業部門のトップに据えて、その後の黄金時代を築いていった。

現在、韓国映画の4大配給会社は、CJエンタメ、ロッテエンターテインメント、ショーボックス（SHOWBOX）、NEWである。このうち圧倒的な配給権シェアを保持しているのが、イ・ミギョンのCJエンタメだ。

韓国映画振興委員会（KOFIC）がまとめた「2019年韓国映画決算」によると、CJエンタメは同年の韓国映画の観客動員ベスト10で、その半分を占め1～4位と6位を席巻した。ショーボックス作品が5位と8位、ロッテは7位、NEWの映画は10位だけにとどまった。

CJエンタメの上位ベスト4は、①警察コメディー映画『エクストリーム・ジョブ』（1626万人）、②格差社会映画『パラサイト　半地下の家族』（1008万人）、③高層パニック映画『EXIT　イグジット』（946万人）、④火山爆発映画『白頭山』（629万人）である。

タイトルを見るだけでも、CJ配給映画には一定の傾向が読み取れる。ポップコーンを食べながら、シネコンで見るにふさわしい映画が多い。

世界的に人気を集めるシネコン映画の代表格は、米ディズニー製作・配給の映画である。韓国でも2019年、韓国映画・外国映画を合わせた公開映画のうち、2位『アベンジャーズ・エンドゲーム』、3位『アナと雪の女王2』、4位『アラジン』を「ディズニー」映画が占めた（1位と5位がCJエンタメ配給）。

米国のディズニーと韓国のCJエンタメが配給する映画の偏重上映は、韓国映画業界における痼疾《こしつ》的な現象である。外国映画を含めた売上額では2019年、この両社がベスト10の57・3％を占めた。

CJエンタメによる韓国映画配給の占有率は同年44・6％を占めて、過去5年間で最高を記録した。「CJの独寡占」に対する批判が免れない理由がここにある。

韓国メディアによれば、CJエンタメは1995年以来、320本の映画に対する投資・配給を行ってきた。その投資額総計7兆5000億ウォン（6570億円）に及ぶという。

CJは、イ・ジェヒョン会長が投資戦略を決定し、イ・ミギョン副会長がこれを実行し、海外でのネットワーク拡大を担当する。イ・ミギョンは彼女が開拓したハリウッド人脈を通じて、韓国文化コンテンツを世界展開する主軸になってきた。

イ・ジェヒョン会長の報酬（給与と賞与の合計額）は昨年、34億7500万ウォン（約3億1300万円）であり、イ・ミギョン副会長の報酬は36億5800万ウォン（3億3000万円）だった。

ブラックリスト問題のその後

第2章の末尾で言及した「ブラックリスト」問題は、韓国映画界を考える時に、とても重要だ。

李明博《イミョンバク》大統領（2008〜2013在任）や朴槿恵《パククネ》大統領（2013〜2017在任）時代に起きたが、その存在が発覚したのは文在寅《ムンジェイン》政権になってからだ。財閥系映画企業のトップが、その配給映画を保守政権から批判され問題視されるのは、どこの国でも前代未聞の珍事である。

CJエンタメが配給した作品の中で、保守政権によって問題視された映画には、以下のようなものがあるという。

パク・チャヌク監督『JSA』（2000、観客動員数583万人）、チュ・チャンミン監督、イ・ビョンホン主演『王になった男』（２０１２、同１２３２万人）、ポン・ジュノ監督『スノーピアサー』（２０１３、同９５０万人）、ファン・ドンヒョク監督、コン・ユ主演『トガニ　幼き瞳の告発』（２０１１、同４６６万人）など多数である。

いずれも左派系監督の作品だったり、社会批判の内容が含まれている映画だったりだが、映画そのものの出来栄えは悪くない。観客も多かった。政権側が目くじらを立てるほどの内容ではない。

朴槿恵政権は特に、盧武鉉《ノムヒョン》元大統領の弁護士時代を映画化したソン・ガンホ主演『弁護人』（２０１３、ＮＥＷ配給）の大ヒットに神経を尖らせた。この映画には１９８０年代初期の「若々しい韓国」が表出されている。旧時代の思考を克服できない政権側が、新時代のトレンドに追いつけなかったということだ。

ＣＪエンタメ配給の映画には、保守色の強い作品も見られる。

李舜臣《イスンシン》将軍の抗日戦争を描いた『バトル・オーシャン　海上決戦』（２０１４、観客動員数１７６１万人）は韓国歴代最高の動員記録を打ち立てた。歴代３位の動員を記録した『国際市場で逢いましょう』（２０１４、同１４２５万人）は朝鮮戦争以降の韓国民の苦闘を描いた映画である。これらはＣＪエンタメが保守政権に迎合した時期に公開された。保守的映画が進歩派映画より、むしろ観客が多いのが注目される。

文在寅政権になって公開されたチャン・ジュナン監督『1987、ある闘いの真実』（2017、観客動員数723万人）やソン・ガンホの主演映画『タクシー運転手　約束は海を越えて』（2017、同1218万人、ショーボックス配給）など、政治的映画の話題作も玉石混交だ。後者は光州事件（1980）を初めてエンタメ映画化した作品だが、朝鮮戦争末期を描いたチャン・フン監督の前作『高地戦』（2011）のリアリズムは見られない。

韓国映画振興委員会（KOFIC）や韓国映像資料院（KOFA）など政府系映画機関のトップの座には、政権好みの人物が就任するのが韓国映画界の慣例であった。保守系政権であれ革新系政権であれ、そのありように首をひねるしかないが、要は映画の出来次第である。韓国は「政治優先の国家」であり、映画もことごとく政治に翻弄されると理解するしかない。

韓流の「ゴッドマザー」

イ・ミギョンが映画の内容にまで口を挟んでいたのかどうかは、判断する材料がない。ただ、彼女にはサムスン創業者の李秉喆一族の遺伝病である神経原性筋萎縮（シャルコー・マリー・トゥース病）がある。20歳代から発症し、一時は歩行も困難だった。そのような女性経営者を「資本家が左翼映画を厚遇した」として圧迫した朴槿恵政権の青瓦台《チョンワデ》幹部は、あまりにも愚かである。ＣＪエンタメへの不興を漏らした朴槿恵大統領も愚かである。

イ・ミギョンは母国を追われるようにして２０１４年10月、米国に移住した。その名目は「闘病のため」だった。しかし彼女は２０１７年7月、米アカデミー会員になり、米国内での地歩を固めていった。１９９５年、スピルバーグ監督らの「ドリームワークスＳＫＧ」以来培ってきた人脈を拡大していったのである。

彼女が韓国芸能界に張り巡らせた人脈も相当なものがあり、時に韓流エンタメの「代母《ゴッドマザー》」と呼ばれる。一時期は「イ・ミギョンと親しくなれば、テレビＣＦの出演が転り込む」という真偽不明の風聞があった。

ＣＪエンタメは『殺人の追憶』以来、『母なる証明』『スノーピアサー』『パラサイト』に至るまで、ポン・ジュノの作品4本に投資してきた。ポン・ジュノは仏カンヌ国際映画祭で最高賞のパルムドールを受賞した際、「多くの芸術家を支援してきたＣＪの家族たちに感謝したい」と述べた。

この知らせを受けたＣＪのイ・ジェヒョン会長は「『パラサイト』は全世界に韓国映画

の位相と価値を知らしめた文化であり、国格を高めた」と、現代韓国人らしい民族主義的な所感を述べた。

イ・ミギョンは「『パラサイト』は18回見た」と言っており、ただの好事家や投資家ではない。彼女は常々「韓国文化《ソフトパワー》こそ韓国の未来である」という信念を披瀝《ひれき》している。米国や中国で東アジア史を学び、国際的なビジネス経験を積んだ女性経営者らしい言葉だ。

ポン・ジュノのハリウッド進出作『スノーピアサー』には400億ウォン（約36億円）の大規模投資をしたと言われる。それは韓国映画史上、最大の投資額だった。

韓流エンタメ業界におけるCJのパワーは、強大なものがある。韓国有数の経済紙である『毎日経済新聞』（カン・ウンヨン記者）が、CJについて分析した記事（2020年1月30日）が参考になる。

それによると、世界的な人気を誇る「防弾少年団（BTS）」の成功神話も、彼らをプロデュースしたパン・シヒョク氏のBigHitエンターテインメント（以下、BigHitエンタメ）とCJの共同作業で始まったという。CJは同社の海外公演「KCON」で防弾少年団を積極的に紹介した。

BigHitエンタメ期待の女性グループ「GLAM」のスタートが芳しくなく、同社の経営が難航していた時期には、CJエンタメは50億ウォン（約4億5000万円）を投資して、サポートした。両者はその後も相互の信頼関係をもとに、アイドル育成のための合弁会社ビリーフラップを創設して協力しあっている。

韓流文化におけるイ・ミギョン、イ・ジェヒョン姉弟の役割を、ルネサンス文化における「メディチ家」になぞらえる韓国メディアも少なくない。

CJのアジア展開

ＣＪは製糖会社から出発した加工食品、バイオ、通運、外食、給食、シネコン、エンタメなどの総合企業である。同グループの４大コア事業は、①食品製造・サービス、②製薬とバイオ、③物流と小売、④エンタメ・メディアである。

うちＣＪエンタメが放送、映画、ゲーム、音楽、公演、ホームショッピングなどを網羅する「韓流文化のコンテンツ企業」であり、現在のＣＪの中核企業である。

１９９３年に音楽チャンネル「Ｍｎｅｔ」から出発したＣＪエンタメの放送部門は、「ｔｖＮ」など韓国ケーブルテレビ界の主要インフラを提供する。「ＭＡＭＡ」（Mnet Asian Music Awards）はＫポップの世界的祭典であり、「ＫＣＯＮ」はフード、コスメを含めた「Ｋカルチャー」の祭典である。公演部門では２００３年のミュージカル『キャッツ』

を皮切りに、国内外で年平均30回以上の公演を製作・投資してきた。ゲーム部門では韓国最大のゲームポータル「ネットマーブル」を通じて展開した。

ＣＪの映画戦略は、シネコン「ＣＧＶ」と投資・配給ＣＪエンタメの両輪戦略である。「ＣＧＶ」は、ＣＪのアジア進出戦略の尖兵である。

２０１７年末現在、ＣＧＶの映画館数とスクリーン数は、韓国内が１４３館１０７０スクリーン、海外が２９９館２２５７スクリーンだ。海外館数の内訳は中国１００、トルコ96、ベトナム52、インドネシア42、ミャンマー7、米国2である。

韓国内の映画人口はすでに飽和状態にある。そこでＣＧＶは韓国流シネコン文化を携えて海外進出を推進してきた。海外のシネコンにはＣＪグループの外食産業が同居しており、その複合型経営方式は「リトルＣＪタウン」との異名すらある。

ＣＧＶは２０１６年、トルコ最大の映画企業「ＭＡＲＳ」を買収して、トルコ1位の映画館企業にのし上がった。

ベトナムにおける韓流ブームは、韓国ドラマが１９９７年、東南アジアで初めて国営放送で流れたことで本格化した。２００９年には音楽番組、バラエティ番組を含めて、韓国製番組が総輸入番組の7割にまで伸びた。

２０１１年に、ＣＧＶはベトナムのシネコン「メガスター」を買収した。ベトナムは映画新興国であり、経済成長国家である。ＣＧＶは買収後2年半、既存の映画館名称を維持し、２０１４年になって「ＣＧＶ」に名称転換した。

ベトナムは韓流の牙城

ベトナムは、韓流エンタメをテコとした韓国企業進出の牙城である。

新型コロナ禍のさなか、「現代車、東南アジアで初めてトヨタを上回る／ベトナムで第1位」という韓国紙の報道（２０２０年4月15日）が注目を浴びた。

韓国の自動車企業、現代《ヒュンダイ》のベトナム合併会社の現代タインコンが同年1～3月期に1万５３６２台を販売し、トヨタ（1万３７４８台）を抑えてトップになったのだ。「韓流に対する持続的な関心など、韓国に対する良いイメージも販売に影響を及ぼしている」という関係者の談話に留意したい。韓流が韓国イメージの向上に貢献しているのだ。

日本ではとかく韓国・ベトナム関係について、ベトナム戦争当時の「韓国兵による虐殺強姦」という史実を指摘する傾向がある。これは韓国による対日「過去執着」への対抗言論という性格が強い。

しかし、ベトナムの国際戦略は「過去を忘れろ！」というものだ。ベトナムは中国、フランス、アメリカ、カンボジアと戦争した。日本の支配も受けた。あまりに旧敵が多すぎるので「過去忘却型」の対外戦略を取る。韓国に対してもそうだ。

実は、韓国外交にとっても、「過去」は二面的である。「過去執着」は対日戦略上の道具である。しかし対中国、北朝鮮向けには「過去忘却」戦略である。文在寅政権が朝鮮戦争での被害を口に出さないのが、その証拠だ。

「歴史の記憶」は、各国の国家戦略と密接に結びついている。

韓流エンタメが優れているのは、各国ごとに異なる「記憶との闘い」の機微を踏まえて、戦略を組み立てていることだ。だから、ベトナムでも韓流は人気がある。

今、韓国映画の最大の輸出先は、中韓国交樹立（1992）で一方的に国交を断絶された台湾である。時代のトレンドは、急激な潮流となって動いている。内向き志向の日本人はなかなかそれに気がつかない。

ベトナム総合情報サイト「VIET JO」などの各種情報によると、CJのシネコン「CGV」は2019年10月末時点で、ベトナム29都市で78館457スクリーンを運営している。同年1月～9月期の売上高は、前年同期比35%増の1442億ウォン（約13億7000万円）を記録した。ベトナムの映画興行界は、CJとロッテが6割を占め、残りが現地企業だ。

ＣＪはベトナム現地企業と合弁で、配給市場の約7割を掌握した。

インドネシアへの韓流エンタメ進出も堅調だ。ＣＧＶインドネシアの劇場数は２０１３年の進出1年目の10館から、２０１６年には20館となり、２０１７年1月「ＣＧＶ」にブランドを転換して以降、40館まで大幅に拡大。そして２０１８年には50館を達成した。

東南アジアの映画界で最近目立つのは、韓国映画資本の製作参加だ。

２０２０年春の大阪アジアン映画祭で注目されたインドネシア映画『ヒットエンドラン』（オディ・Ｃ・ハラハップ監督）にはＣＪエンタメが資本参加した。ＣＪエンタメがベトナムの現地資本と共同制作した『ベトナムの怪しい彼女』（２０１５）はシム・ウンギョン主演『怪しい彼女』（２０１４）の、『ゴーゴー・シスターズ』（２０１８）はカン・ヒョンチョル監督『サニー　永遠の仲間たち』（２０１１）のリメイクである。この二つの映画は日本でもリメイクされた。

韓国食文化の普及は、ＣＪのアジア戦略の重要な要である。

イ・ジェヒョン会長は２０１２年3月、済州島で開かれた「食の博覧会」で、「10年前から韓式料理が重要だと思い、事業を始めてきた。これまでの努力によって、韓式の世界化が始まった。10年後には韓国産フードが世界料理の主要なカテゴリーの一つになるだろう」と述べた。

映画『パラサイト』でパク社長夫人がおいしそうに食べて話題になった麺料理「チャパグリ」も、ＣＪにとっては「韓国食文化普及」の一環と考えてよい。

挫折した日本攻略

ＣＪが日本市場を攻略するために設立したＣＪエンタメジャパンは２０１７年5月、映画部門の業務を終了した。

日刊スポーツ（２０１７年5月1日）によると、同社は映画の共同製作、配給を目的に、日本のシネコン大手「ティ・ジョイ」のグループ会社アマゾンラテルナと共同出資して設立した。初年度の２０１０年度に11作品を配給したほか、松嶋菜々子が主演したリメイク作品『ゴースト　もういちど抱きしめたい』（大谷太郎監督）に出資。２０１２年には大型投資映画『マイウェイ　１２，０００キロの真実』（カン・ジェギュ監督）を、約３００館規模で拡大するなど積極的な営業を展開した。

しかし、『マイウェイ』をはじめ配給作品の興行収入が思わしくなく、２０１２年に会社の規模を縮小した。イ・ビョンホン主演の映画『王になった男』（２０１３）などは、ソウルの本社を拠点に配給した。

2014年には、韓国で大ヒットしたシム・ウンギョン主演『怪しい彼女』（ファン・ドンヒョク監督）を配給するなど、ヒット作を中心に日本における映画事業を継続してきたが、後続がかんばしくなかったのだ。

そこに『パラサイト』の大ヒットだ。CJは日本再上陸を視野に入れていると見るべきだろう。

CJジャパンは、食品など映画以外の分野では健在だ。

CJは、日本映画市場の再攻略に動き出すだろう。その契機を『パラサイト』の米アカデミー賞4冠が準備した。前回の日本攻略は「韓国型ブロックバスター映画」の限界を露呈した。多様な文化を受容する日本市場の再研究がどこまで進んだのか、注目したい。

CJ傘下のケーブルテレビ局「tvN」が製作したドラマ『愛の不時着』は、日本再攻略の第1弾になるだろうか。

「CJ」に立ちはだかる中国の壁

中国は韓国映画『パラサイト』が、世界で唯一、公式的には上映されていない国だ。2016年の終末高高度防衛ミサイル（THAAD・サード）韓国配備後、中国政府が「限韓令」という韓流禁止政策を取ったからだ。中国では『暗殺』（２０１５）以来、韓国商業映画の上映は行われていないのだ。

『パラサイト』は２０１９年８月、中国青海省の省都・西寧で開かれた「西寧ファースト青年映画祭」で上映されることになっていたが、「技術的な理由」によって突然、上映中止になった。実際には、検閲当局の意向が働いたと見られている。

このため韓国映画の中国輸出は２０１９年、わずか１１７万ドルにとどまった。これは韓国映画の輸出対象国では第7位であり、過去5年間では最低の実績である。

ちなみに韓国映画の最大の輸出国（２０１９年基準）は台湾（８８０万ドル、23・4％）であり、2位が日本（４７１万ドル、12・5％）、3位が米国（３３７万ドル、９・０％）である。全体的に見ても、韓国映画の完成作輸出は同年、３７８８万ドルで、前年より８・９％減少した。これには『パラサイト』の販売実績が相当数含まれていない。

韓国映画のリメイクは台湾でも盛んだ。

クォン・サンウ主演の『悲しみよりもっと悲しい物語』（ウォン・テヨン監督、２００９、ショーボックス配給）は２０１８年に台湾で再映画化され、台湾国内映画収入ランキングで第1位である。中国に輸出されて、台湾映画として史上最高の興行収入となった。この映画はシンガポールとマレーシアでも、アジア映画の興行収入第1位を記録した。

このリメイク映画のアジア各国でのヒットは、韓流のコンテンツが十分に受容される素地を明確にしたが、オリジナル映画は韓流初期のラブロマンスである。韓国や日本の女性たちを熱狂させた韓流映画が、10年後、今度は台湾テイストに味つけされて中華圏で大ヒットした。韓国で主流を占めてきた「韓国型ブロックバスター」でないことに留意する必要があるわけだ。

中国政府が韓国映画の締め出しを継続しているのは、単に中韓間の政治問題が影響しているだけでなく、韓流文化の大量流入が中国側の警戒心を呼び起こしている可能性もある。それでも、数十万人単位の中国人が『パラサイト』のネット海賊版を見ているとの報告があり、潜在的な韓国映画の観客は中国内に大量に存在する。

韓国と日本の逆説

韓国映画産業の急速な発展は、1980年代の「民主化」と、1990年代の「IMF改革」（新自由主義）という2大ベクトルが競合して推進された結果である。従来の日本における韓国映画論は、前者のみを強調する悪弊があった。

その二つのベクトル競合の成果が、ポン・ジュノ『パラサイト』の仏カンヌ国際映画祭パルムドール、米アカデミー賞4冠という形で結実した。民主化によって誕生した金大中政権以来の新自由主義改革は、韓国に極端な格差社会（競争社会）をもたらし、韓国映画に世界的なテーマを提供した。これが現代韓国を覆う歴史発展の逆説《パラドックス》だ。ポン・ジュノは繰り返し述べたように、「韓国格差社会」を眼前にして、それを戯画化した映画で「世界」を制覇したのである。

かつて李鳳宇《イボンウ》（休業中の「シネカノン」代表）らが強調してきた通り、韓国映画の強みの一つは「韓流は国家戦略である」ということだ。

通貨危機の中で発足した金大中政権は、映画を含めた文化全般をコンテンツ産業として位置づける方針を打ち出した。韓国政府はフランスに範を取った映画振興策を続けてきた。政府系映画機関による年間助成金はフランスが約８００億円、韓国が約４００億円であるのに対して、日本は60億円程度であるという。

韓国政府は映画振興委員会を通じて、映画産業への積極的な投資と支援を行ってきた。さらに国立映画アカデミー、多くの大学映画学科、釜山国際映画祭など多くの映画祭、韓国映像資料院の貢献、低廉な映画鑑賞料金、映画好きの国民という要素も見逃せない。

しかし、それだけで映画が発展するはずがない。

ポン・ジュノがアカデミー賞授賞式で「脚本を書くのは孤独な作業である」と述べた通

り、個人の営為を軸とした推進力があいまって、映画は威力を発揮する。韓国映画界は今、その好循環のただ中にある、と評価すべきだ。

しかし、それがいつまで続くかわからない。本書の各章で指摘してきたように、ポン・ジュノの作品はすでに「変態期」を迎えつつある。韓国映画が好餌にしてきた「ヘル朝鮮」ネタは、マンネリ気味である。世代交代の早い韓国映画界では、50歳代になったポン・ジュノを先輩格のパク・チャヌク監督と同列に、「既成世代」に分類する映画評論家も出てきた。

最近の韓国映画界は、女性監督の台頭が目覚ましい。つまり転換期でもあるということだ。その作品のレベルは、千差万別である。そして今は台湾、タイ、インドの映画界の新星が注目される現状もある。

本章は「ポン・ジュノとＣＪの関係」研究に力点を置いて記述してきた。企業研究を重視し、従来の韓国映画論に、屋上屋を重ねる議論はできるだけ回避した。

一人の「元日本人」の発言を紹介することによって、本稿を締めくくりたい。

日本の映画界と現代日本人のあり方にとって、カズ・ヒロ（旧名・辻一弘）の発言は、頂門の一針である。彼は第92回米アカデミー賞で、２度目のメーキャップ＆ヘアスタイリング賞を受賞した。

カズ・ヒロは記者インタビューに答えて「日本（の社会ないし映画界）はあまりに服従的（too submissive）である」と述べた。これこそが彼が日本国籍を捨て、米国籍を取得した理由である。私には「敗戦後75年」の停滞した日本社会を自省するための重要な指摘だと思われる。

韓国は「ＩＭＦ危機」という「経済敗戦」から、まだ23年という混沌とした時代にある。その「敗戦後」に台頭してきた30、40歳代が主流になりつつある。この国に「too submissive」な気風は、まだ表面化していない。

補章　『パラサイト』備忘録

『パラサイト』の思い出

私がポン・ジュノの映画『パラサイト　半地下の家族』を初めて見たのは、２０１９年6月3日である。仏カンヌ映画祭パルムドールを受賞し、韓国で封切り（5月30日）された4日後だった。場所は、いつもの忠武路《チュンムロ》の大韓《テハン》劇場だ。かつての「映画の街」にある独立単館のシネコンである。

映画館の横の路地にある行きつけの粉食屋に立ち寄った。

まず、店にいたアジュマ（おばさん）が、私の『パラサイト』への期待感を見透かすように、「どうかねえ」と首をひねった。女性経営者の姉。移住した大阪から、十数年ぶりに帰国していた。「私は、もう見たんよ」と彼女は言った。

午後6時の劇場は、観客は約１００人と多かった。

映画を見終わって、再び店を訪れると、彼女が切り出した。「賞をもらった割には、たいしたことなかったでしょ。焦点が定まらない。昔の映画賞は、もちっと良かった」。ポン・ジュノも形無しである。私はシニア料金５０００ウォン（４５０円）で見た。店のインスタントラーメン４０００ウォン（３６０円）とさして変わらない。私の感想も似たようなものだったが、言わなかった。

アジュマは全羅北道の出身である。20代後半に芸能ビザで渡日して、三十数年間、大阪でカラオケバーなどを経営してきた。最近、店を閉めたので、1カ月半ほど妹宅に遊びにきたのだという。

私の隣席でガス検針のおばさんが、スンデ（豚の腸に血液、もち米、野菜、麺などを入れて蒸したソーセージ状の軽食）を注文した。彼女も常連客である。「1日に2万歩は歩く。10年間もやっている」。1男1女。ソウルには六つの都市ガスの会社があるという。「この周辺はＬＧ系列とか。「やがて合理化で統合するでしょうね」

『パラサイト』のような暗喩に富んだブラックコメディーより、私はこういったおばさんたちとのストレートな会話が好きだ。

大阪から帰ってきたおばさんは「自分の国なんで言っちゃ悪いけど、女の子の化粧は水商売のようだし、電車の中で化粧をする。下車する客より早く乗ろうとする」と手厳しかった。近く、大阪に戻るという。「ここの映画館で韓国の映画はだいぶ見た。盧《ノ》武《ム》鉉《ヒョン》がモデルの映画（ソン・ガンホ主演『弁護人』）を今もやっている。安藤忠雄のドキュメンタリーもやっていたよ」。長年の客商売で鍛えられた知識欲と観察眼は、立派なものだと思った。韓国の発展はこういう人々によって支えられてきた、と私は思っている。

高級住宅街「城北洞」

高級住宅街の城北洞《ソンブクドン》（城北区）に、『パラサイト』のパク社長の豪邸がある。元祖韓流スターのペ・ヨンジュンの邸宅も城北洞にある。彼は2011年、江南区三成洞《カンナムサムソンドン》のマンションから、ここの2階建て高級住宅に引っ越した。駐韓日本大使公邸も城北洞の一角なので、ソウル特派員時代には何度もこの一帯に行った。

青瓦台《チョンワデ》（大統領官邸）の裏手にある「三清《サムチョン》トンネル」をくぐると、そのあたりが城北洞だ。北岳山《プガクサン》に抱かれ、漢江《ハンガン》を見下ろすように広がる静かな高級住宅街である。

城北洞はソウルの代表的な「富村《プチョン》」（超金満住宅街）だ。1960年代に車智澈《チャジチョル》・大統領警護室長ら、朴正熙《パクチョンヒ》政権の幹部が住み始めた。車室長は1979年10月26日、朴大統領とともに金載圭《キムジエギュ》・中央情報部（ＫＣＩＡ）部長に射殺された人物だ。

1970年代になると、財閥の総帥たちが住居を構えた。韓国の3大生命保険会社の一つ「教保《キョボ》生命」が造成した「城北洞330番地」周辺がその中心地だ。教保生命、現代峨山、現代百貨店、ＧＳグループ、斗山重工業、モービルコリア、東洋グループなどの総帥の住宅がある。1980年代後半まで高級料亭「大苑閣《デウォンカク》」があった閑静な傾斜地は「吉祥寺《キルサンサ》」に変貌した。妓生《キーセン》出身の女性経営者が高名な僧侶・法頂《ポプチョン》に寄贈したのである。

映画『パラサイト』のパク社長宅ロケ地は、城北洞の「吉祥寺」の東側にある。豪邸に向かう坂道部分のシーンが撮影された。豪邸の内外部映像は韓国南部・全州《チョンジュ》市にある総合映画撮影所での撮影である。ロケ地の城北洞を「どろぼう村」と呼ぶ韓国人もいる。あくどい事をしないと、あんな豪邸には住めないという庶民層からのやっかみだ。

城北洞の高台の一角には、貧民街「タルトンネ」も残る。直訳すると「月の町」だ。丘の上のような「月に届くほど」高い場所にある。

「タルトンネ」は朝鮮戦争後のソウル庶民層を描いた兪賢穆《ユヒョンモク》監督『誤発弾』（1961）や金洙容《キムスヨン》監督『血脈』（1963）などの名作映画に登場する。韓国映画では時代背景が更新されると、貧民街の表象も時代の変遷につれ、「タルトンネ」から「半地下部屋」に変わるのである。

ポン・ジュノ監督の母方の祖父である小説家・朴泰遠《パクテウォン》の住居は解放後の一時期、この城北洞にあった。書籍の印税で出版社社長の自宅近くの土地を譲り受けたのである。城北洞が高級住宅地に変貌するはるか以前の逸話である。

半地下部屋は〝贅沢〟な貧困

半地下部屋は、韓国ではありふれた光景だった。

「だった」と過去形で表記するのは、その数が大幅に減少しているからだ。１９８０年代中盤、私が下宿していた家にも半地下部屋があった。防空壕を補強したものだった。離婚して出戻りした30歳前後の娘が住んでいた。数年前に再訪してみたら、土地再開発による住宅地整備で母屋ごとなくなっていた。

第1章でも紹介した産経新聞ソウル支局・黒田勝弘のコラム（文春オンライン２０２０年2月26日）によると、日本から「半地下部屋」に関する問い合わせが相次いだという。「嫌韓ブーム」の日本メディアからすれば、それは格好の話題だからである。しかし、黒田記者の観点は「あれは贅沢な貧困を象徴している」というものだ。

住居的貧困のシンボルといえば、むしろビルの屋上のバラック「オクタプバン（屋塔房）」や地上のビニールハウス、独り暮らし老人や出稼ぎ外国人の極小一人部屋、それに国家公務員試験（考試）受験のための1坪に満たないような「コシ（考試）テル」などがそうだろう。

さすがに、ソウル駐在40年超のベテラン記者である。黒田の映画批評は「『パラサイト』は〝寄生虫批判〟の映画である」「ポン監督流の商売上手なしたたかさ」と的確であった。

黒田が列挙した「住宅的貧困」例を追加説明しておくと、「オクタプバン」は「屋上小屋」とでも言うべきもので、ビルの屋上に造られた物件だ。半地下部屋と同様、高度成長期に急増した。だが安い部屋でありながら眺めがいいので、これを愛好する建築学教授を私は知っている。テレビドラマ『屋根部屋の皇太子』（2012、ユチョン主演）など多くのドラマや小説に登場するが、釜山のオクタプバンが女子中学生誘拐殺害事件（2001）の現場になったこともある。

「コシテル」は考試（国家公務員上級試験）とホテルの合成語だ。大学入試や公務員試験の受験者が試験勉強する小部屋だが、地方出身者や日雇い労働者の簡易宿所としても利用されてきた。室内は2畳ほどで台所やトイレ、シャワーは共同利用の施設が多い。

「2AM」と「江南左派」

劣悪な住宅環境に住む「地下生活者」と言えば、思い出す若者がいる。

韓流アイドルグループ「2AM」のチョ・グォン（趙権）である。彼は練習生時代が8年もあり、苦労人として知られていた。そのチョ・グォンが、地下生活者時代を語った記事（『中央日報』2011年2月3日）を覚えている。

地下の一間の部屋に借金取りが訪ねてきて両親を苦しめ、母は鼓膜をけがして耳が聞こえなくなった。デビューしても、私にはできることが何もなく、マネジャーに可能なすべての仕事を入れてくれと頼んだ。（中略）。歯をくいしばって努力した結果、広告出演のオファーが押し寄せ、10年で両親に家をプレゼントすることができた。

チョ・グォンの地下生活者時代は、今から20年も前の出来事である。彼は『パラサイト』の半地下家族を、どう思っただろうか。彼なりの共感と違和感を表現してくれたかもしれない。

ちなみに、親族の不正行為が発覚して失脚した曺國《チョグク》元法相の実弟の名前は、このアイドル歌手と同じ発音のチョ・グォン（曺権）である。曺権は映画『パラサイト』の公開後に収賄容疑で逮捕され、韓国民から「寄生虫」と罵倒された。兄の曺國の住むマンションは、ポン・ジュノ宅に近い瑞草区方背洞《ソチョパンペドン》の高級住宅街にある。曺國は「富裕層ながら進歩派志向」を意味する「江南左派《カンナムチャパ》」（欧米の「シャンパン社会主義」に相当）の典型だ。

高層マンション街・江南

江南《カンナム》とは、漢江の南側の地域である。「江南3区」とは江南区、瑞草区、松坡区《ソンパ》を言う。ソウルの高級マンションはこの一帯にある。

江南区、瑞草区は今、高校学群制度で「第8群」と呼ばれる名門地域である。ソウル大学など超名門大学の合格者を輩出する名門高校が集まっており、韓国の教育ママたちが羨望の眼差しを注ぐ学校群地域である。

農村地帯だった江南地域は、1970年代に入ってマンション建設が進んだ。韓国政府は一戸建て住宅の建設を禁止した。江北（漢江の北側）の既成中心部は、高度成長による人口流入でパンク状態だったのだ。

これらの事情から江南区や瑞草区の不動産価格は高騰し、高級住宅街の瑞草区方背洞の場合、5LDK240平方メートルほどの大型マンションは2017年4月現在、17億4000万ウォン（約1億5660万円）で売買されている。

韓国の映画観客たちは、曺國元法相夫婦や彼の実弟の醜態を見ながら、『パラサイト』のキム氏「詐欺」一家を思い出していた。延世《ヨンセ》大学の証明書を偽造するあたりは、曺國夫人の手口とそっくりだったからだ。同じ高級住宅街に住むポン・ジュノは、曺國夫婦との交際をネットで疑われるという濡れ衣を着せられた。

第1章でも書いたように、「韓国の格差社会」を描いた映画と言いながら、ポン・ジュノ『パラサイト』には、２０２０年代の表象である江南の高級マンション群が登場しないのが、最大の弱点である。

貧乏ポルノ観光

第1章で記した通り、『パラサイト』は、上昇し下降する劇映画である。屋外でのロケ現場は、いちいち特定できるほどリアルだ。

北阿峴洞《プクアヒョンドン》一帯は、雑貨店や坂道のロケ撮影に使用された。『パラサイト』を見ていると、雑貨店の店名が特定できることから、周辺には観光客が急増し、外国人記者の取材が増えた。これらが「貧乏ポルノ観光」とひんしゅくを買ったのは当然である。

半地下住居はソウルの各所に分散しており、もっとも多いのはソウル大学周辺の冠岳区《クァナック》

（8・3％）である。北阿峴洞がある西大門区は全体の2・9％にすぎない。

なかでも紫霞門《チャシムン》トンネル（鍾路区）の高さ15メートルほどの大階段が壮観だった（16頁写真下）。キム一家が、土砂降りの中をパク社長の豪邸から半地下の家まで戻る途中で、それは威容を現した。この映画では豪邸も半地下部屋もセット撮影なのだが、さすがに地上の大規模階段だけはソウル市内を探索して、見つけ出すしかなかった。

この階段は、1986年のトンネル（長さ500メートル）完工によって整備された。最寄りの景福宮《キョンボックン》駅（地下鉄3号線）から徒歩で35分ほどもかかる辺鄙《へんぴ》な場所にある。周辺には夭折《ようせつ》詩人の記念館やソウル美術館があり、この映画によって観光名所に浮上した。紫霞門は李朝時代から北方に向かう途中にあった城門である。

1986年と言えば、ソウルでアジア競技大会が開かれた年だ。1964年の五輪で東京の都市景観が大変貌したように、ソウルではアジア大会、五輪で激変を遂げた。

次期韓国大統領の有力候補である李洛淵《イナギョン》前首相は、ソウル大学の学生時代、この大階段の近くに住んでいたという。2020年4月の総選挙で彼は、鍾路区から出馬した。告示前、この大階段を上る写真を同行カメラマンに撮らせた。それは、彼が青瓦台（大統領官邸）に上るステップを思わせた。李洛淵は野党党首との一騎打ちを制して、大統領への道を一歩進んだ。

世代間の文化断絶

最近、日本語訳が出版された韓国の小説『韓国が嫌いで』（チャン・ガン・ミョン著）の主人公の女性は、阿峴洞に住む警備員一家の娘という設定である。ここでも阿峴洞は画一的に貧困家庭の所在地としてイメージされている。

同作品は、若者が海外逃避する「ヘル朝鮮」の現実を背景にした小説として、2015年の出版当時、韓国でちょっとしたベストセラーになった。別れた彼氏は江南の大学教授の息子という役柄だ。「身分の差異」という言葉が頻繁に出てくる。「1980年代の女優のような濃い化粧」というフレーズもある。作者はてっきり、移民小説の先駆けである崔仁浩《チェイノ》著『深く青い夜』（1982）を読んでいるのかと思ったら、そうではなかった。

韓国語版で読んだ後、著者にインタビューする機会があった。1975年生まれ、父は貿易業、母は元記者の作家で、本人は延世大学卒、元『東亜日報』記者である。「あの小説を知っていますか」と聞いたら、答えが「知らない」だったので驚いた。出版社の担当編集者も知らないのではないかと心配になった。

『深く青い夜』は安聖基《アンソンギ》主演、裵昶浩《ペチャンホ》監督の演出で、1985年に映画『ディープ・ブルー・ナイト』（英語・日本語タイトル）として公開された。韓国映像資料院が選定した「韓国映画100選」にある名作である。80年代の代表的な女優・張美姫（チャンミヒ）と偽装結婚した安聖基が、市民権を得るために入管で米国国歌を懸命に歌うシーンが秀逸である。

最近、日本の映画監督研究で博士号を取得した40歳前後の韓国人研究者と話していて、彼が金綺泳《キムギヨン》監督の名作『下女《ハニョ》』（１９６０）を見ていないことを知り、がく然とした。韓国では階層間断絶だけでなく、世代間の文化的断絶も予想以上に深刻であり、私にはこちらのほうがより重大なのではないかとすら思える。

あとがき

米アカデミー賞授賞式の中継録画放送を、2020年2月10日夜に見た。

ポン・ジュノ監督『パラサイト　半地下の家族』（2019）が作品賞など4冠を獲得した。ポン・ジュノによる一連の受賞コメントはなかなか良かったが、イ・ミギョンCJ副会長のあいさつには違和感が残った。

翌日の韓国各紙の1面トップは、『パラサイト』の栄冠記事で埋め尽くされた。

『ハンギョレ』＝「寄生虫」世界映画史の壁を乗り越える

『中央日報』＝想像が歴史になった、忠武路《チュンムロ》、オスカー征服

『朝鮮日報』＝「ホワイトオスカー92年」をひっくり返す

さっそくイ・ミギョンについて調べ始めた。ポン・ジュノの祖父・朴泰遠《パクテウォン》の小説は読んだことがある。ポン・ジュノの映画もほとんど見ていた。

本書は1980年代以来、映画を隣国理解の一助としてきた元ソウル特派員の韓国映画研究書であり、新型コロナ禍に伴う蟄居生活の産物である。

米アカデミー賞受賞後に、日韓のメディアで溢れた多くの記事に目を通しつつ、ポン・

ジュノの成長史と映画史を研究した。日本の韓国映画批評には四方田犬彦氏などの労作があるが、個別の監督研究本は佐藤忠男『韓国映画の精神　林権澤とその時代』（岩波書店、2000）くらいしかないことにも気づいた。

韓国中部・大邱《テグ》で、新興宗教団体の集団感染が広がった。彼らは『パラサイト』の地下室から這い出てきた貧困夫婦のように感じられた。

大邱はポン・ジュノの生誕地である。韓国がまだ貧しかった頃、この街には『ユンボギの日記』（1964、日本語訳は1965、太平出版社）を書いた靴磨きの少年がいた。それは日韓で映画化された。ポン・ジュノが延世大学に入学した翌々年の1990年、ユンボギ少年は亡くなった。

2020年4月15日、韓国の総選挙が行われた。与党地盤の全羅道《チョルラド》と野党地盤の慶尚道《キョンサンド》という「地方色」が、再び顕在化した。首都ソウルでは、富裕層の多い江南地区で保守系候補が当選し、江北地区で革新系候補が当選した。

「韓国のいま」を考える作業は、時間と空間を往復する試みだ。過去と現在を照射する映画は、そのための重要な補助線を提供する。

本書はポン・ジュノの実像を、その成長史と韓国現代史の展開の中で捉えた。

祖父のモダニズム小説家・朴泰遠の隔世遺伝子を重視し、サムスン財閥系企業CJの文化帝国戦略を分析した。

ポン・ジュノは、現代韓国に登場した映画怪獣「シン・ゴジラ」である。漢江《ハンガン》沿いで育った怪物《グエムル》ポン・ジュノは、世界化とともに「変態《メタモルフォーゼ》」を見せている。

原稿段階から、日韓を問わず、多くの友人の皆さんから支援とアドバイスを受けた。お名前をいちいち列記することは、差し控えたい。出版にあたっては、毎日新聞の元同僚にお世話になったほか、毎日新聞出版の担当者に適切なアドバイスを頂いた。心からお礼を申し上げます。

2020年5月

下川正晴

主な参考文献

日本と韓国の新聞、テレビ、ネット記事、DVDのほか、以下のような書籍や雑誌などを参照した。

ポン・ジュノ『「寄生虫」シナリオ集&ストーリーボードブック』(未邦訳、プレインアーカイブ、2019)
ポン・ジュノ他『映画のような時間』(未邦訳、イウム、2013)
『ユリイカ　特集=ポン・ジュノ』(青土社、2010年5月号)
『ユリイカ　特集=韓国映画の最前線』(青土社、2020年5月号)
イ・ドンジン『イ・ドンジンが語るポン・ジュノの世界』(未邦訳、ウィズダムハウス、2020)
キム・ヨンジン『順応と転覆』(未邦訳、ウルユ文化社、2019)
パク・イリョン『小説家仇甫氏の一生　京城モダンボーイ朴泰遠の私生活』(未邦訳、文学と知性社、2016)
朴泰遠『川辺の風景』(牧瀬暁子訳、作品社、2005)
朴泰遠『小説家仇甫氏の一日』(大村益夫・布袋敏博編、平凡社、2006)
朴泰遠『金若山と義烈団』(金容権訳、皓星社、1980)
崔青林『韓国財閥の総帥たち—虎はめざめた!』(鶴真輔訳、光文社文庫、1987)
キム・ミンヒョン『韓国映画政策と産業』(未邦訳、コミュニケーションボックス、2013)
コ・ソンヨン『CJの考え』(未邦訳、ユルリムウォン、2016)
牧瀬暁子「朴泰遠と今和次郎—『半年間』と『新版大東京案内』を中心に—」(朝鮮学会発表論文、2017/10/8)
白恵俊「考現学と日韓モダニズム文学」(文京学院大学外国語学部文京学院短期大学紀要第7号(2007)

装丁／遠藤陽一（DESIGN WORKSHOP JIN）
本文デザイン・ＤＴＰ／明昌堂

著者略歴

下川正晴（しもかわ・まさはる）

1949年7月28日、鹿児島県国分市（現・霧島市）生まれ。大阪大学法学部卒。毎日新聞西部本社、東京本社外信部、ソウル支局長、バンコク支局長、編集委員、論説委員などを歴任。立教大学大学院博士課程前期（比較文明論）修了。韓国外国語大学言論情報学部客員教授（日韓コミュニケーション論）、大分県立芸術文化短期大学教授（マスメディア、現代韓国論)。「日韓次世代映画祭」（別府市）ディレクター。2015年に定年退職し、日本近現代史、韓国、台湾、映画を中心に取材執筆中。東京都在住。

著書に『私のコリア報道』（晩聲社、2016)、『忘却の引揚げ史　泉靖一と二日市保養所』（弦書房、2017)、『日本統治下の朝鮮シネマ群像　戦争と近代の同時代史』（弦書房、2019)、同韓国語訳『植民地朝鮮のシネマ群像』（プリワイパリ、2019)、『占領と引揚げの肖像　BEPPU1945〜1956』（弦書房、2020)、共著に『韓国映画で学ぶ韓国の社会と歴史』（キネマ旬報ムック、2015）ほか。

ポン・ジュノ 韓国《かんこく》映画《えいが》の怪物《グエムル》

印　刷　2020年６月20日
発　行　2020年６月30日
著　者　下川正晴《しもかわまさはる》

発行人　黒川昭良
発行所　毎日新聞出版
〒102-0074
東京都千代田区九段南1-6-17　千代田会館５階
営業本部　03（6265）6941
図書第一編集部　03（6265）6745

印刷・製本　光邦

ISBN978-4-620-32633-7